마이클 몰리노스의

영성깊은 그리스도인

김미혜 옮김

요단

마이클 몰리노스의 영성 깊은 그리스도인

제1판 1쇄 발행 · 2000년 4월 10일
제1판 20쇄 발행 · 2024년 2월 20일

지은이   마이클 몰리노스
옮긴이   김미혜

발행인   김용성
편집   강성모
제작   정준용
보급   이대성

펴낸 곳 요단출판사
등록   1973. 8. 23. 제13-10호
주소   07238) 서울특별시 영등포구 국회대로 76길 10
기획   (02)2643-9155
보급   (02)2643-7290
            Fax(02)2643-1877

ⓒ 요단출판사 2000

값 12,000원
ISBN 978-89-350-1808-6   03230

이 책의 한국어판 저작권은 요단출판사가 소유하고 있습니다.
출판사의 사전 승인 없이 책의 내용이나 표지 등을 복제, 인용할 수 없습니다.

The Spiritual Guide

Michael Molinos

Copyright © MCMLXXXII by The SeedSowers
All rights reserved
Published by The SeedSowers
Christian Book Publishing House
P.O. Box 285 Sargent, GA 30275
Korean Edition Copyright © Jordan Press 2000

차례

추천사 7

한글판 역자 서문 10

영문판 역자 서문 13

영성깊은 그리스도인 15

    서론 17

1 두 종류의 기도 21

2 피상적인 기도를 멈추려는 열망 27

3 내면에 거하는 무적의 요새 31

4 실패를 각오하라 35

5 피상적인 기도의 한계 41

6 두 종류의 영적 경험 45

7 두 종류의 헌신 51

8 두 종류의 어두움 55

9 영적 관심을 잃어버림 59

10 환경들 61

11 유혹 67

12 하나님을 찾으면서 자아를 찾음 75

13 고요함 79

14 헌신 83

15 직업과 소명 87

16 두 종류의 영직인 사람 89

17 세 종류의 침묵 91

18 순종 95

19 내적인 영성과 외적인 영성 101

20 영혼의 정화 111

21 하나님의 사랑 115

22 겸손 123

23 고독 127

24 그분 앞에 오기 131

25 영적인 즐거움을 주는 것들 135

26 내면의 길을 향하여 137

27 내적인 사람의 증거 139

28 내적인 사랑의 네 가지 관점 141

29 내적인 발견 149

30 포기해야 할 것들 153

31 하나님인가, 세상인가 157

기도문 163

마이클 몰리노스의 시대와 생애 165

추천사

주변에서 보면, 사랑과 은혜인 동시에 거룩한 신비이신 하나님에 대한 체험이 부족하여 매우 고통스러워하는 기독교 신앙인들을 만날 수 있습니다. 한편 오늘날의 교회가 이렇게 부흥하는 데 동력이 된 하나님의 은사체험 역시, 더 깊은 곳으로의 순례가 없어서 매우 피상적인 것이 되거나, 아니면 신비도 능력도 상실한 채 앞으로 나아갈 길을 찾지 못해 고통스러워하고 있습니다.

우리에게 잘 알려진 신학자 칼 라너는 이렇게 말한 적이 있습니다. "현대인들의 경우, 보다 심오한 영적 체험이 있든지 아니면 아무 것도 아니든지 둘 중에 하나를 선택해야 한다." 우리가 더 깊은 영적 체험을 하려면 하나님으로부터 심오한 깊이를 먼저 체험한 안내자가 필요하리라 생각합니다. 이런 차원에서 몰리노스의 「영성깊은 그리스도인」(*Spiritual Guide*)은 매우 적합한 안내자가 되어주기에 충분하다고 봅니다.

 오래 전부터 영성 추구와 계발을 위해서 우리에게 소개된 쟌느 귀용의 글이나 프랑소아 페넬롱의 글과 함께 영성과 경건 부문의 3대 역작으로 알려진 몰리노스의 「영성깊은 그리스도인」은 영적인 체험이 부족하여 갈증을 느끼고 있는 현대의 기독교인들에게 정말로 소중한 자료가 되어 줄 것입니다. 저자 자신 또한 그의 순교자적 죽음으로 자신의 간증을 입증하였다고 봅니다.

 그 후 수백 년 동안, 이 책을 읽은 많은 사람들은 이 책을 매우 소중하게 여겼습니다.

 최근에 들어서야 새로운 영적 체험과 영성 추구의 걸음마를 뗀 필자의 경우에도 이 책으로부터 많은 도움을 받았음을 고백하지 않을 수 없습니다.

 이 책을 통하여 영적 갈증을 해소한 경험이 있는 한 영성신학도가 기도 가운데 이 책을 번역하여 우리에게 소개한다고 하니 비록 늦은 감은 있으나 매우 다행스러운 일입니다. 이 책을 통하여 우리 주변에 있는 그리스도인들이 더 깊은 하나님의 신비를 경험하는 영적 순례를 함께 하게 될 것을 생각하니 기쁜 마음을 금할 수 없습니다. 우리 모두를 이렇게 그분 가까이로 초대하며 구체적으로 인도하시는 하나님께 더욱 감사드립니다.

역자와 더불어 출판에 관여한 모든 분들의 수고를 치하하며 무엇보다도 하나님의 세미한 음성을 듣고 영적인 순례를 안내받고자 이 책을 손에 잡으신 성도들에게 축하 인사를 드리고 싶습니다. 모든 이들에게 심오하고 풍성한 하나님의 사랑과 은혜가 있기를 바랍니다.

최봉기 박사(Ph. D.)
「깊은 영성으로 나아가는 길」의 저자

한글판 역자 서문

참으로 오랫동안 주님의 깊은 은혜를 사모하며 갈급해 하던 중, 우연히 최봉기 교수님을 통해 소개받고 읽기 시작한 몰리노스의 「영성깊은 그리스도인」은 마치 늦은 봄과 초가을에 농부들이 간절히 기다리는 단비와 같이 제 영혼을 촉촉이 적셔주었습니다.

4년 동안의 신학수업을 마치고 이제 사역의 현장에서 더욱 열심히 충성하고자 각오를 새롭게 하기 앞서, 앞으로 나아가야 할 길에 대해서 더욱 구체적으로 간절히 기도하던 때였습니다. 그분은 저로 하여금 한동안 아무도 몰래 기도골방에 머물게 하시더니, 이제는 더 이상 제가 드려오던 기도생활로는 도저히 앞으로 나아갈 수가 없다는 안타까운 메마름의 기간을 갖게 하셨습니다.

뿐만 아니라, 제 영혼의 깊은 곳에서는 주님께서 제게 무엇인가 새로운 도전을 주고 계심을 희미하게나마 알게 하셨습니다. 아무 것도 안 보이고, 어떠한 소리도 들리지 않았지만 이번만큼은 오직 저의 영혼을 인도하시는 성령께 아무런 제한 없이 순종하리라 다짐하고는 오랜 기도의 씨름 끝에 결국 사역의 현장을 떠나는 결단을 내렸습니다. "주님, 이제는 주님의 뜻대로만 따르겠습니다. 주님의 인도하심이 없이는 저는 한 발자국도 움직일 수가 없습니다"라는 각오로 매달리기 시작했습니다.

바로 그 무렵 제 손에 들려진 이 작은 책,「영성깊은 그리스도인」은 마치 주께서 몰리노스라는 사람을 통해 친히 저의 가이드가 되어 인도해 주시듯 제 마음을 열었습니다. 그리고는 이제까지의 제 신앙생활의 경험으로는 다소 생소하기만 한 "내면의 길"로 향한 여정이 시작된 것입니다.

이 책을 거의 끝낼 무렵, 저는 그 동안 궁금하게 여기며 기도했던 질문들이 하나씩 해결되는 놀라운 응답을 받았습니다.

아직도 저는 이 책을 다 이해하지 못하며, 제가 가야 할 여정은 여전히 저를 재촉하고 있습니다. 다만 이 책의 마지막 페이지를 넘기며 저는 간절한 소원을 갖게 되었습니다. 저처럼 영적으로 메마른 기간을 지나는 많은 동역자들과 영혼의 친구들에게 이 책을 나눔으로 도움이 될 수 있었으면 하는 것입니다. 결국 그 소원의 열매로 이 책은 수줍게 번역되기 시작하여 주변의 분들과 함께 나눌 수 있는 복을 누렸습니다.

의외로 이 책이 도움이 되었다는 분들의 이야기를 들으며 주님께서 허락만 하신다면 이번에는 제 주변의 분들뿐만 아니라 시공을 초월하여 함께 영적인 순례의 길을 가고 있는 더 많은 영혼의 친구들과도 함께 나눌 수 있으면 좋겠다는 소원을 품게 되었습니다.

이 책을 처음으로 소개해 주시고, 제가 어려웠던 시기에 큰 용기와 격려를 주신 최봉기 교수님의 제안과 도움으로 「영성 깊은 그리스도인」의 한글판이 나올 수 있게 되었습니다.

저는 처음부터 주님께서 인도해주심을 확신하기에, 이 책을 통해 많은 분들이 지금 이 순간에도 "내면의 길"로 당신의 자녀들을 초청하고 계시는 주님의 부르심을 받게 될 줄 믿습니다.

저는 현재 세계적으로 정평이 나있는 워싱턴의 샬렘 영성수련원(Shalem Institute)의 "영적 가이드 프로그램"에서 훈련을 받으며, 저의 진정한 영혼의 친구요 가이드가 되시는 주님의 임재와 인도하심에 말할 수 없는 평안을 누리고 있습니다. 요즘 문득 뒤를 돌아보며 제가 지나온 어둡고 메마른 고통의 터널들을 감사함으로 바라볼 수 있게 되었는데, 이것은 참으로 「영성깊은 그리스도인」이라는 든든한 친구가 곁에 있어주었기 때문이기에 다시 한번 감사드리지 않을 수 없습니다.

워싱턴 샬렘에서
김 미 혜

영문판 역자 서문

 이 책을 읽은 후 제가 이해하기 어려웠던 것은 '왜 가톨릭 교회는 애당초 「영성깊은 그리스도인」을 불태우라는 명령을 내렸을까' 하는 점입니다. 비록 마이클 몰리노스가 성례전이나 참회의 시간에 참여할 필요가 없다는 것을 간접적으로 암시하는 내용을 싣기는 했으나 이를 제외하면 그가 말하려고 했고 가르치고자 했던 것은 사실, 크게 존경을 받았던 다른 인물들이 이미 가르쳤던 것들입니다. 저는 진정한 문제는 그가 말한 내용에 있는 것이 아니라, 그가 그런 것들을 말함으로 얼마나 크게 성공했고 그 이후로 그를 따르는 다른 사람들이 일어나게 된 것에 있다고 생각합니다.

 저는 이 유명한 작은 책자가 그리스도인들이 걷는 깊은 영성의 길을 소개한다기보다는 십자가와 고통에 많은 부분을 할애하는 것을 발견하고는 매우 놀라지 않을 수 없었습니다. 책을 읽기 전에 저는 이 책이, 주님을 더 잘 아는 데 실제적인 도움을 주는 책일 것이라 기대했습니다. 이 책은 분명히 그런 부분에 있어 도움을 줍니다. 하지만 그 보다는 십자가에 대한 영적 입문서라고 말하는 것이 이 책을 더 잘 표현하는 것이라고 생각됩니다. 몰리노스가 이 책을 통해 거듭해서 말하는 것은, 만일 우리가 주님을 따르고자 한다면 - 이 길이 우리가 가야 할 마땅한 길이지만 - 우리를 기다리는 것은 엄청난 고통이라는 것입니다.

영성깊은 그리스도인

서론

작가로서 모든 사람을 만족시키는 책을 쓴다는 것은 불가능합니다. 모든 사람이 이해할 수 있는 책을 쓴다는 것 역시 불가능합니다. 문제는 "그 책이 여러분과 어떤 관계를 맺는가?"에 달려 있습니다. 이 책에서 다루는 주제들은 신비스러운 것이어서, 쉽게 이해할 수 있는 것은 아닙니다. 그런 이유로 이 책은 비난받기 쉽습니다. 그러나 이 책의 내용을 이해하지 못했다면 어떻게 비평할 수 있겠습니까?

세상 사람들은 영적으로 중요한 일들을 이해하지 못한다고, 성경은 가르치고 있습니다. 만일 여러분이 이 책을 이해하지 못함에도 불구하고 무조건 비난하거나 더 나아가 정죄한다면, 여러분은 스스로 이 세상 지혜의 동조자가 된 것입니다.

주님의 깊으신 뜻을 이해하는 데에는 뛰어난 지성이나 이론 또는 논리가 필요하지 않습니다. 그것은 경험을 통해서만 얻어지는 일입니다. 하나님의 깊은 뜻은 만들어낸 것들이 아니며, 그 가르침들은 증명되어야 하는 것들이 아닙니다. 그것은 우리가 받기만 하면 되는 것들입니다. 이것이 바로, 믿는 자들의 삶 속에 영적인 진리들이 풍성하게 열매맺는 이유입니다. 주님에 관한 깊은 지식은 귀로 듣거나 눈으로 읽은 책을 통해서 얻어지는 것이 아니라, 오직 성령께서 여러분 안에 풍성하게 부어주심으로만 가능합니다. 성령께서는 자기의 이성을 의지하지 않고 심령을 가난하게 하는 자에게 이 영적인 열매를 부어주십니다.

이 세상에는 이 책에서 다루려는 내용에 대해서 한번도 들어본 적도, 읽어본 적도 없이 살아가는 사람들이 있습니다. 또 영적인 사람들이라 불리지만 이런 문제들에 대해 특별한 관심을 갖지 않는 사람들이 있습니다. 이런 사람들은 이 책에서 다루는 내용에 대해 비난합니다. 전자의 비난은 무지에서 비롯되는 것이며, 후자는 경험이 부족하기 때문입니다.

그러나 이 문제의 핵심은 다음과 같습니다. 이 책에서 논의되는 것들에 대하여 경험하지 않은 자들은 하나님의 비밀에 대해서 판단할 수도 없고, 또한 해서도 안됩니다. 이런 사람들이 인간의 깊은 내면에 존재하는 하나님의 사랑에 대해서 처음 듣는다면 어쩌면 분개할 수도 있습니다. 그러나 그들이 분개하는 것은 단순히 하나님의 풍성한 사랑을 경험하지 못했기 때문입니다. 우리 가운데 그 누가 하나님의 선하심을 제한할 수 있겠습니까? 하나님의 팔은 결코 짧아지지 않았습니다. 그분은 오래 전에 행하신 일을 우리 시대에도 동일하게 행하실 수 있습니다. 주님은 강한 자, 위대한 공적을 가진 자들을 부르시지 않고 언제나 약한 자들을 부르십니다. 그분은 당신의 놀라운 자비를 보여주시려고 이 일을 행하시는 것입니다.

이 책에서는 이론적인 것을 말하려는 것이 아닙니다. 오히려 우리들이 쉽게 경험할 수 있는 실제적인 것들입니다. 이 책은 인간의 정교하고 독창적인 사색이나 생각들을 능가하는 실제적인 경험입니다. 영적인 문제는 영적인 사람들 - 아무도 자신이 영적이라고 할 수는 없겠지만 - 에게 제한되어야 할 것입니다. 만일 여러분이 이 책에서 얻은 것들을 가지고 그리스도를 따르기를 중단한 사람과 나누게 된다면, 얻을 유익이 거의 또는 전혀 없으리라 봅니다.

저는 또한 특별하게 뛰어난 책을 쓰려고 하지 않았습니다. 제가 이 책을 쓴 목표는 있는 그대로의 진리를 겸손하고 성실하게 그리고 명확하게 전달하기 위함입니다. 그러므로 저는 이 책에서 영적인 길에 대해 정의를 내린다거나 변호하려고 노력하지 않을 것입니다.

이 책은 지난 수년 동안 경험한 것들을 모은 기록입니다. 오랫동안 내면으로의 길을 찾았지만 별반 효과를 얻지 못하던 신자들을 도우면서 얻게 된 경험들을 정리한 것입니다. 그동안 많은 사람들을 지켜보면서 그리스도인들의 목표를 향해 나아가는 과정을 방해하는 장애물을 제거하려면, 또 그리스도인들이 치우치기 쉬운 경향이나 유혹들을 제거하려면 반드시 도움이 필요하다는 확신을 갖게 되었습니다. 이 책은 제가 책을 읽고 얻은 지식을 쓴 것이 아니라, 우리 주님의 놀라운 자비하심으로 그분이 저에게 보여주신 것들을 쓴 것입니다. 제가 이 책을 통해 첫째로 목표하는 바는 내면의 길(the inward way)에 대한 이해를 좀 더 평이하게 하는 것입니다.

주님께서 은총 베푸셔서 이 목표가 이루어지길 소망합니다. 또한 바라기는, 이 책을 읽는 분들 중에서 하나님의 신성하신 주권에 의해 그분의 깊음을 경험하는 일에 부름받는 분들이 생겨나기를 그리고 이 책을 통해 유익을 얻기를 바랍니다. 그렇게 되는 것이 저의 유일한 목표였으며, 또 그런 일이 일어난다면 이 책을 쓰는 과정에서의 모든 수고가 가치있는 것이었음을 확신케 될 것입니다. 만일 주님께서 이러한 저의 열망을 받아주시고 인정해 주신다면, 역시 주님으로부터의 보상 또한 이미 받은 것과 같습니다.

1675년, 로마에서
마이클 몰리노스

1
두 종류의 기도

 기도란 무엇입니까? 우리의 마음이 하나님을 향하여 올라가는 것입니다. 그분은 모든 피조물 위에 존재하시며 우리의 눈으로는 볼 수 없기에, 우리는 기도를 통해서 하나님과 대화를 나누는 것입니다. 이것은 가장 단순한 형태의 기도이지만, 하나님과의 정신적인 대화를 필수로 하는 기도의 한 종류입니다.
 그러나 우리가 우리의 생각이나 이론을 버리고, 또한 무엇을 확신하기 위한 증거들을 요구치 않고, 오로지 주님의 얼굴에 우리의 모든 관심을 고정시킨다면, 이러한 기도는 높은 단계의 기도라고 할 수가 있습니다.
 우리의 이성과 묵상과 생각에 큰 영향을 받지 않는 주님의 모습이 있습니다. 앞서 말한 종류의 기도에서는 사람들이 하나님에 대해서 생각하지만, 두 번째 종류의 기도에서는 그분을 바라봅니다. 저는 이 둘 가운데 후자가 더욱 순수한 기도의 훈련이라고 말씀드리고 싶습니다.

배가 항구에 도착하면 그 배의 항해는 끝난 것이 아닙니까? 마찬가지로 우리가 진실로 하나님을 붙드는 지점까지 도착하려면 많은 도구를 사용해야 됩니다. 그러나 그 도구들이 제 임무를 다하여 목적지에 도달하면 더 이상 그것들은 필요하지 않습니다. 다시 말하자면, 사용했던 수단들을 내려놓는다는 것입니다.

때로 이성적인 기도는 우리가 기도를 시작하는 좋은 출발점이 됩니다. 그렇지만 이성적인 기도는 우리와 주님 사이를 더욱 깊고 평온한 관계로 이끌어가기 위한 방법에 불과합니다. 우리가 이 두 번째 기도에 도달하게 되면, 모든 이성적인 방법들을 멈추고 대신 그곳에서 안식하는 것입니다. 하나님을 아주 단순히 그리면서, 그분을 바라보고, 사랑하는 것입니다. (이 때에 우리는 마음속에 떠오르는 모든 생각들을 아주 부드럽게 거부해야 할 것입니다.) 이런 기도야말로 더욱 의미 있는 기도입니다.

이제 여러분의 마음은 하나님의 임재 안에서 고요해질 것입니다. 여러분 안에 있는 모든 것들은 오직 그분에게로 모아지고 집중되며, 완전히 고정될 것입니다.

주님과 더 깊이 동행하려면, 우리는 속히 그 동안 우리가 지성적이라고 생각했던 것들을 버려야 할 의무가 있습니다. 간단히 말해서, 모든 것을 다 버려두고 사랑이신 주님의 품에 안겨야 합니다. 그러면 주님은 점차적으로 우리가 버려둔 모든 것들을 다시 회복시키실 것이며, 그와 동시에 우리의 영적인 힘과 능력도 자라도록 인도하실 것입니다. (저는 이 책을 통해서 하나님을 사랑하는 능력에 대해 계속해서 강조할 것입니다.) 그리하여 이 사랑은 우리의 삶에 어떤 환경이 찾아오든지 우리를 강하게 유지시켜 줄 것입니다. 여러분이 주님을 향해 쏟아 붓는 사랑(이 사랑조차도 여러분이 하는 것이 아니라, 하나님 자신께서 여러분에게 부어주시는 사랑입니다만)은 여러분이 이 세까지 행한 그 어떤 행동보다 더욱 가치 있다는 사실을 확신하시기 바랍니다. 우리가 하나님을 위해 할 수 있는 일이란 없습니다. 여러분이 얼마나 현명하든, 얼마나 공부를 많이 했든 여러분의 한평생 동안 하나님을 진정으로 이해하기란 어렵습니다. 오! 그러나 여러분은 주님을 얼마든지 사랑할 수는 있다는 사실을 아시기 바랍니다!

믿는 자들이 이 두 번째 종류의 기도로 주님과의 교제를 원하기 시작한다면, 그는 아주 단순한 방법 즉, 순수하고 깊은 내면의 중심으로 들어가는 방법에 의해 이 단계를 시작하게 됩니다.

하나님은 여러분 내면의 깊은 곳에 거하십니다. 바로 그곳에서 사랑어린 관심과 침묵, 다른 모든 것에 대한 망각 그리고 하나님의 의지에 사람의 의지가 순복하는 일이 점차적으로 이루어질 것입니다. 거기, 내면의 곳에서 믿는 자들은 홀로 하나님의 말씀을 듣고 또한 그분과 이야기를 나누기 시작합니다. 이것은 마치 모든 창조물 가운데 오직 그들만이 존재하는 것과 같은 친밀한 대화를 나누는 것입니다. 그러한 "기도"는 혼히 하나님과 지성적인 토론을 하는 기도나, 혹은 다른 종류의 기도 형태와는 전혀 다른 것입니다.

이성적으로 개념화시키는 기도는 수고롭게 노력하여 그 열매를 얻습니다. 그러나 제가 말씀드리려는 두 번째 종류의 기도는 힘든 수고 없이 드려질 수 있습니다. 고요함과 평화와 기쁨 속에서 훨씬 더 풍성한 열매가 발견되는 것입니다.

아마도 첫째 종류의 기도는 둘째 종류의 기도에 이르기 위해 꼭 필요한 과정이라고 할 수 있습니다. 첫째 것은 찾는 것이고 둘째는 발견하는 것입니다. 이 둘의 차이는 마치 음식을 준비하는 단계와 이미 만들어진 음식을 맛보는 것과 같다고도 할 수 있습니다.

이제는 우리 주님과 더 깊은 관계 속에서 동행하기 위한 두 가지 방법에 대해 말씀드리려 합니다. 처음 방법 역시 하나님의 은혜로 이루어지는 것입니다만, 여러분이 가진 모든 재능을 총동원하여 부지런히 노력하고 연습해야 얻을 수 있습니다. 그러나 둘째 방법은 사람이 자기의 의지로 얻을 수 있다기보다는, 믿는 자들이 점차적으로 은혜 가운데 얻게 되는 것이라고 말할 수 있습니다!

2
피상적인 기도를 멈추려는 열망

이제 주님과의 깊은 교제를 향한 순례의 길에서 만나게 되는 몇 가지 문제점들을 말씀드리려 합니다. 여러분이 영적인 길을 계속해서 걷다보면, 이전에 행하던 지성적인 기도로는 더 이상 앞으로 나아갈 수 없다는 것을 발견하거나, 아니면 적어도 그와 같은 기도를 그만하고 싶다는 열망을 갖기 시작할 것입니다. 이것은 여러분이 본래 가지고 있었던 선호함 때문이거나 영적으로 메마름의 시기에 있기 때문에 나타나는 현상이라기보다는, 오히려 여러분의 깊은 내면에 거하고 계시는 하나님에 의해서 자극받고 있기 때문이라고 말할 수 있습니다. 이제까지 드리던 외적인 기도 혹은 피상적인 기도를 멈추고자 하는 열망은 더욱 깊은 주님과의 교제를 추구하고 갈망해 온 자들이 누리게 되는 자연스런 결과인 것입니다.

당신이 경험할 수 있는 또 다른 일로는, 이제까지 즐겨 읽던 책들이 지루하게 느껴진다는 것입니다. 이것은 아마도 그 책들이 내면의 문제를 다루지 않기 때문일 것입니다.

또는, 여러분의 자아의 본질에 대한 지식이 점점 자라가게 됨에 따라 여러분의 죄를 강하게 미워하게 되며, 하나님의 깊은 본질과 그분의 거룩함에 대한 통찰력이 커지게 될 수도 있습니다.

여러분께서 그토록 갈망하는 것은 오직 하나님께서만 부어 주실 수 있습니다.

이 책에서 제가 말하는 내면의 길을 온전히 이해하려면, 여러분의 뜻을 완전히 하나님의 뜻에 복종시키는 것이 무엇인지부터 이해해야만 할 것입니다. 만일 여러분이 그리스도인으로서 이제까지 살아오는 동안 모든 일에서 성공해 왔다면, 혹은 이제까지의 모든 일이 여러분의 뜻대로 이루어졌다면, 여러분은 결코 제가 말하려고 하는 평안의 길을 알 수가 없습니다. 그런 사람은 괴롭고 공허한 삶을 살면서 잠시도 쉼 없이 방해를 받으며, 결코 평안의 길을 누리지 못할 것입니다. 왜냐하면 주님과의 깊은 동행은 하나님의 뜻에 나의 뜻을 완전히 일치시키는 것이기 때문입니다.

저는 주님과 뜻이 일치한다는 것 즉, 그분의 뜻에 완전히 복종하는 것을 "달콤한 멍에"라고 결론짓고 싶습니다. 비록 멍에이긴 하지만 이 멍에는 내적 평화와 고요함이 머물고 있는 곳으로 우리를 인도해 줄 것이기에 고통이라기보다는 달콤한 것입니다.

그리스도인들을 불안하게 만드는 요인은 무엇일까요?

자기 자신의 뜻을 거역해야 한다는 것이 가장 주요한 방해 요소일 것입니다. 본래 우리의 자아는 하나님의 뜻인 달콤한 멍에에 우리 자신을 복종시키려고 하지 않습니다. 그 결과로, 우리는 많은 혼란스런 상황들로 고통을 받게 됩니다. 오, 그리스도인들이여! 여러분이 하나님의 뜻과 그분의 모든 명령에 자신의 뜻을 복종시킬 때 누리게 될 평안이 어떤 것인지 알게 되기를 바랍니다. 그것이 어떤 평화인지, 어떤 고요함인지를….

이 책에서는 주로 위에서 말씀드린 주제들을 다루게 될 것입니다. 하나님께서 제게 성령의 조명을 허락하시어, 이 책을 통해 하나님을 기쁘게 해 드리고, 뿐만 아니라 저와 여러분이 이 책을 통해 더 깊은 영적인 길을 발견하게 되기를 기도합니다.

3

내면에 거하는 무적의 요새

 어두움, 메마름, 우리를 약하게 만드는 유혹…. 이런 것들은 하나님께서 우리의 영혼을 깨끗케 하시려고 사용하는 방법들입니다. 우리는 먼저 우리의 영혼이 우리 각 사람 존재의 가장 중심에 있다는 것과 그곳에 하나님의 성전이 거한다는 사실을 알아야 합니다. 여러분의 중심은 곧 하나님의 성전인 것입니다. 주님은 바로 그곳에서 안식하시면서 보좌 위에서 통치하고 계십니다. 따라서 우리는 우리 안에 거하시는 하나님의 성전을 깨끗하게 보존하기 위해 우리의 마음을 항상 평화롭게 유지할 필요가 있습니다.

 주님께서 우리의 삶 속에 무엇을 허용하시든지 간에, 하나님이 거하시는 그곳에는 조금의 불안함도 없습니다.

 우리와 우리의 영혼에게 유익하다면, 주님은 원수가 우리 안에 있는 이 안식처에 고통을 가하는 것을 허용하십니다. 이 때 고통은 유혹이나 고난, 혹은 어려운 제안 등 다양한 모습으로 우리를 찾아옵니다. 우리에게 가해지는 고통의 형태는 다를지라도, 하나님이 창조한 모든 것들이 도구로 사용될 수 있습니다. 따라서 여러분과 저에게 가슴 아픈 고통들과 괴로운 핍박들이 찾아오게 될 것을 기억해야 합니다.

이런 고통이 올 때, 여러분은 어떻게 대처해야 하는 것일까요? 우리를 찾아오는 온갖 고통 속에서, 우리는 어떻게 늘 한결같고 또 기뻐할 수 있을까요? 여러분의 영혼의 가장 깊은 곳으로 들어가십시오. 여러분은 그곳에서 여러분을 둘러싸고 있는 모든 외적인 환경과 고통을 극복할 수 있게 될 것입니다. 바로 여러분 안에 이런 놀라운 요새가 있다는 사실을 아십니까? 이 하나님의 요새는 여러분을 변호해주고 보호해주며, 여러분을 위해 싸워줄 것입니다.

적이 침입할 수 없는 강한 요새에 자기 집을 가지고 있는 사람을 보십시오. 그는 적이 자신을 쫓아 와 포위해도 두려워 불안해하지 않습니다. 그는 자신의 강한 성 안에 머물면서 쉬기만 하면 되는 것입니다. 여러분도 내면의 깊은 곳에, 눈에 보이는 적이든 보이지 않는 적이든, 모든 적으로부터 승리케 할 강한 성을 가지고 있습니다. 그 성이 바로 지금 여러분 안에 거하고 있는 것입니다. 모든 원수의 덫과 고난에도 불구하고 그 무적의 요새는 바로 여러분 안에 있습니다! 그곳에는 거룩하신 위로자가 거하고 계십니다. 하나님의 위로가 넘치는 그곳에서 편히 쉬기를 바랍니다. 그곳은 모든 것이 조용하고, 평화로우며, 안전하고, 고요합니다.

어떻게 이런 삶을 누릴 수 있습니까? 그것은 우리가 이미 살펴본 "더욱 깊은 기도"와 온전히 하나님 한 분께만 집중된 여러분의 사랑 안에서만 가능합니다.

여러분의 평화가 공격당하는 것을 볼 때, 평안의 곳, 바로 여러분 안에 거하는 그 요새로 물러가 쉬기를 바랍니다. 만일 여러분 스스로가 약해졌음을 발견한다면 또 다시 안식하시면 됩니다. 그곳에서 여러분은 원수도, 닥치는 모든 고난도 극복힐 수 있습니다.

그러나 폭풍우가 지나가기까지는 그곳을 떠나지 마십시오. 그리고 여러분 안의 고요함과 안전함과 평안함을 계속 유지하시기 바랍니다.

마지막으로, 여러분이 매우 약해질 때에라도 용기를 잃지 마십시오. 가능하다면 그 풍성한 보좌로 돌아가서, 여러분의 모든 생각을 한 곳으로 모으고, 하나님의 얼굴을 바라보시기 바랍니다. 모든 격동 속에서 침묵하기를 구하고, 많은 사람들 속에서 홀로 있기를 구하며, 어두움 속에서도 빛을, 상처 속에서 잊을 수 있기를 구하며, 낙심 속에서 승리를, 걱정 속에서 용기를, 유혹 속에서 저항을 그리고 전쟁 속에서 평화를 구하십시오.

4

실패를 각오하라

 주님으로부터 내면의 길로 부르심을 받은 그리스도인이라 할지라도, 그들은 모두 혼란과 의심으로 가득 찬 그리스도인입니다. 또한 그들은 이 깊은 단계의 기도를 시도하면서 이미 실패를 경험해 왔고, 앞으로도 계속 실패하게 될 그리스도인임을 알아야 합니다. 여러분은 실제로, 주님께서 더 이상 이전처럼 여러분의 기도를 돕지 않는다고 느낄 것입니다. 또, 시간만 많이 낭비하는 것일 뿐 영적으로는 아무런 진전이 없다고 느낄 수 있습니다. 그 뒤로는 혼란과 당황스러움을 겪게 될 것입니다. 그럼에도 불구하고 여러분은 이 기도를 멈춰서는 안됩니다. 아무도, 혹 여러분보다 신앙생활의 연륜이 깊은 사람일지라도, 여러분이 주님과의 더 깊은 관계로 나아가는 것을 가로막게 해서는 안됩니다.

여러분의 삶 속에 진정으로 무슨 일이 일어나고 있는 것일까요? 진실로 여러분이 실패를 경험하고 있는 것일까요? 전혀 그렇지 않습니다.

오히려 주님께서 여러분을 그분의 임재 가운데 믿음의 길로 걷게 하시려고 부르고 계신 것입니다. 주님에 대한 단순한 상상력과 그분을 향한 뜨거운 사랑을 가지고 - 마치 어린아이가 엄마에게 안기는 것처럼 - 여러분 자신을 주님의 부드러운 가슴에 내어 맡기십시오. 여러분의 영혼은 하나님의 임재 안에서, 어린아이 같고 구걸하는 자와 같아야 합니다.

그러한 주님과의 관계는 - 특히 여러분이 경험한 실패를 이미 이해하고 있을 때에는 - 쉽게 이루어집니다. 또한 그것은 여러분이 주님과 가질 수 있는 가장 안전한 관계인 것입니다. 여러분이 추구하는 이 기도는 여러분 안에서 이리 저리 떠다니고 있는 모든 상상과 이성으로부터 자유롭게 되는 기도입니다. 상상과 이성, 이것들은 여러분의 마음을 흩어지게 하며, 특히 여러분이 실패할 때에는 더욱 여러분의 마음을 사색과 자기 성찰에 집착하도록 만듭니다.

하나님께서 모세에게 십계명을 주시기 전에 먼저 그를 산으로 부르셨음을 기억하십시오. 거기서 여러 날을 머무는 동안, 하나님께서는 모세에게 자신의 놀라운 영광을 보여주셨습니다. 저도 모세의 사건에 적용시켜 말씀드리고자 합니다.

그리스도인으로서의 구도생활이 시작되는 초기라면 여러분은 먼저 하나님의 사랑과 율법의 학교를 소개받게 될 것입니다. 그리고 난 후에, 하나님은 여러분들로 하여금 영적인 어두움과 메마름을 통과시키십니다. 주님께서 이처럼 어두움과 메마름을 허락하시는 것은 우리들에게 사랑을 처음 가르쳐 주셨던 때와 정확히 동일한 이유 때문입니다. 즉 우리를 주님께로 더 가까이 가도록 하기 위해서입니다. 처음에 보이지 않는 영역에 계셨던 주님으로부터 사랑과 어루만지심을 받았던 때와 마찬가지로, 메마름과 실패도 우리로 하여금 주님께로 더욱 가까이 다가가도록 만듭니다. 결국 영적인 메마름을 허락하시는 이유는, 이제까지의 여러분의 이성적인 노력으로는 절대로 그분께로 가까이 나아갈 수가 없다는 것을 잘 아시기 때문입니다. 우리가 주님께 가까이 다가가거나 혹은 주님께서 우리에게 가까이 오시게 하기 위해 우리들이 할 수 있는 것이란 아무 것도 없습니다. 절대로 아무 것도 없습니다! 우리의 그 어떤 노력으로도 주님의 높고 영광스러운 길을 이해할 수가 없기 때문입니다.

그러면 여러분은 어떻게 배워야 할까요? 오직 그분의 뜻에 겸손히 복종함으로만 가능합니다. 여러분은 바로 여기에서부터 시작해야 합니다.

노아의 이야기는 좋은 예가 됩니다. 그는 세상 사람들에 의해서는 바보로 평가받았습니다. 그러나 훗날, 온 세상이 홍수에 휩쓸리게 되었을 때, 그는 돛이나 노 없이도 사나운 바다 한 가운데 떠 있는 자신의 모습을 발견하게 됩니다. 노아는 수많은 어두움의 시간을 믿음 하나만으로 걸어왔습니다. 그렇다고 노아가 하나님의 마음을 이해했다고는 생각하지 마십시오. 노아는 그렇지 못했으니까요.

여러분도 가능한 한, 할 수 있는 대로 인내하시기 바랍니다. 메마름이나 실패에는 가급적이면 주의를 기울이지 마십시오. 여러분이 깊은 기도를 추구하려던 것을 포기해서는 안 됩니다. 여러분이 아무리 큰 메마름이나 실패를 만나더라도 굳건한 믿음으로 걸어가십시오. 여러분의 자아에 대하여 죽고, 주님을 알기 위해 여러분이 노력한 모든 것들에 대해서도 죽어야 합니다. 기억하십시오. 주님은 실수가 없으신 분이며, 여러분을 향한 그분의 뜻은 오직 여러분의 유익함을 위한 것 뿐임을 말입니다.

어떤 사람이 죽어가는 과정에 놓여있다면, 그는 마땅히 고통을 감수해야만 한다는 것을 생각한 적이 있습니까? 메마르고, 무감각하며, 자포자기한 상태에서도 여러분은 어떻게든 시간을 사용하려고 하지는 않습니까? 그러나 여전히 그대로 앉아서 그분을 기다려야 합니다!

여러분은 다음 사실을 늘 명심해야 합니다. 하나님의 복은 여러분의 감각에 달려있지 않습니다.

그러면 어디에 하나님의 복이 머물고 있을까요? 그 대답은 다시 말씀드리지만, 여러분의 깊은 내면 어딘가에 있습니다. 그러므로 침묵과 믿음과 고통과 인내를 가지고 주님께로 나아오십시오. 확신을 갖고 더욱 정진하기 바랍니다. 그리고 그분 안에서 안식하면서 그분의 인도함을 받으십시오. 이것이야말로 이 세상에 존재하는 그 어떤 것보다 더욱 소중한 것입니다.

곡식을 가는 소를 바라보십시오. 향방 없이 가고 있는 것처럼 보이고, 아무 것도 하지 않는 것처럼 보이지만 많은 일을 해내고 있습니다. 그것을 실패라고 부를 수 있습니까? 아닙니다!

소는 옥수수로부터 아무 것도 얻지 못하지만, 대신에 주인은 소가 생산한 것들을 즐김을 기억하시기 바랍니다.

만일, 여러분이 진실로 그리스도를 찾는다면, 그것 자체로도 충분한 보상을 받은 것입니다.

한 알의 씨가 땅에 떨어지면 처음엔 그 씨를 잃어버린 것처럼 보입니다. 그러나 후에 봄이 오면, 그 씨는 자라서 많은 열매를 맺습니다. 하나님께서도 여러분에게 동일하게 행하시는 것입니다.

하나님께서는 여러분에게서 위로, 심지어는 이해까지도 박

탈해 가십니다. 더 나아가서는 여러분의 삶에서 조금의 영적인 진보도 볼 수 없게 됩니다. 결국 우리에게는 아무 것도 남아있지 않는 듯 보일 수도 있습니다! 그러나 충분한 시간이 지나면, 여러분이 희망했던 것보다 훨씬 더 많은, 풍성한 열매를 얻게 될 것입니다.

우리가 깊은 영적인 생활을 추구하다보면, 여러 목표를 설정하게 될 것입니다. 그러나 이 목표들을 달성하지 못했다고 해서 스스로 경멸해서는 안됩니다. 평안을 유지하고 주님 앞에 머물되, 끝까지 인내해야 합니다. 주님의 무한하신 은혜만을 신뢰하시고, 여러분의 눈은 수건으로 가려져 있다고 간주하시기 바랍니다. 많은 생각과 논리를 버리고 그렇게 하시기 바랍니다. 오직 하나님의 뜻과 그분을 기쁘게 해드리는 것 외에는 아무 것도 하지 않겠다고 결심하면서, 여러분의 삶을 자비하신 하나님 아버지의 손에 맡기기를 바랍니다.

5
피상적인 기도의 한계

 지난 수세기 동안 그리스도인들은 영적인 부분에 관해 일반적으로 다음과 같은 견해를 가졌습니다. 생각이나 간청, 묵상과 논리 및 객관적인 토론이 대부분인 기도에 의해서는 신자들이 주님과의 깊은 교제를 가질 수 없다고 말입니다. 그런 기도를 드리는 것은 영적인 길을 떠나는 시작단계에서나 도움이 될 뿐입니다.

 또, 그런 표면적이고 객관적인 기도는 아주 단시일 내에 배울 수 있다고 알려져 있습니다.

 그러나 우리가 이 책에서 말하려는 그리스도와의 교제는 그렇게 쉽게 배울 수 있는 것이 아닙니다.

 만일 여러분이 전형적인 피상적 기도(기도하는 사람들에 의해 일반적으로 가장 많이 사용되는 기도의 형태)를 지속한다면,

그리고 여러 해가 지나도록 더 나아지는 것 전혀 없이 그 상태로 지속하기만 한다면, 여러분은 많은 시간을 낭비하고 있는 것입니다. 여러분은 이미 여러분 안에 그분을 모시고 있으면서, 왜 억지로 여러분의 머리를 사용하고, 또 기도하기 위한 장소를 찾으려고 애쓰고, 토론의 주제를 선택하는 방법에 의해서 하나님을 찾고자 하십니까?

성 어거스틴은 이렇게 아름답게 요약해 놓았습니다.

> 주님, 저는 마치 길 잃은 양처럼 방황하며 다녔습니다. 제 안에서 저를 짓누르고 있는 열정적인 논리로 주님을 바깥 어디에선가 찾으려다 지쳐버렸습니다. 제가 주님을 바라고 갈망하기만 했더라면….
> 저는 이 세상 도시의 거리와 광장 사방을 헤매며 다녀보았지만, 당신을 찾을 수가 없었습니다. 왜냐하면, 제 안에 계신 주님을 밖에서 헛되이 찾아 헤맸기 때문입니다.

우리는 우리 밖에서는 결코 하나님을 찾지 못할 것입니다. 뿐만 아니라 우리의 이성이나 논리, 표면적인 정보에 의해서도 하나님을 찾을 수 없습니다. 우리 각 사람 안에는 이미 하나님께서 현존하고 계십니다. 그들 자신이 살아있는 하나님의 성전이며 그분의 진실한 거처라는 사실을 발견하지 못한 채, 늘 하나님을 찾고, 부르짖고, 갈망하며, 하나님의 이름을 의지하려는 신자들은 마치 눈 먼 자와도 같습니다.

그들의 영혼은 지속적으로 그들 안에 거하시는 하나님의 보좌의 자리입니다.

그렇다면, 하나님의 도구가 자기 문 안쪽에 있음을 알면서도 밖에서 그것을 찾으려하는 자는 바보가 아니면 무엇이겠습니까? 굶주린 사람이 음식 먹는 것을 거부한다면 어떻게 그 배고픔이 채워지겠습니까? 그러나 많은 선한 사람들이 이런 삶을 살아왔습니다. 항상 찾기만 하고 결코 즐기지는 못하는 삶 말입니다. 그들이 행하는 모든 수고는 불완전한 것뿐입니다.

영적인 길이 어렵다거나, 혹은 그 길이 오직 높은 지성인들만을 위한 것이라고 생각해서는 안됩니다.

주님께서는 열두 사도들을 택하시면서 영적인 길이 결코 어려운 것도, 지성인만을 위한 것도 아니라는 사실을 명백히 보여주셨습니다. 그들은 무지하고 낮은 계급의 사람들이었습니다. 예수께서도 "아버지여, 이것을 지혜롭고 슬기로운 자들에게는 숨기시고 어린아이들에게는 나타내심을 감사하나이다"라고 말씀하셨습니다. 그러므로 사람의 이성이나 피상적인 기도에 의해서는 내면의 깊은 것들을 깨달을 수도 없고, 우리 안에 있는 깊은 곳에 도달할 수도 없다는 것이 분명해졌습니다.

어미 새는 아기 새를 두고 떠날지라도 하늘에 계신 우리 천

부께서 그 남아있는 새들을 돌보아주지 않습니까? 그런 우리의 아버지께서 여러분을 홀로 내버려 두리라 생각하십니까? 공중의 새들을 생각해 보십시오. 그들은 말도 할 수 없고 이성적인 능력도 없지만 하나님 아버지께서 그들을 돌보시고 필요한 먹이를 공급해 주십니다. 그러나 그들은 훌륭한 기도문으로 기도하는 데 숙련되어있지도 않고, 또한 기도문 소리가 멋지게 들리지 않는다고 기분 나빠하지도 않습니다. 그런데 여러분은 왜 걱정하고 있습니까?

사실, 이제까지 여러분을 기쁘게 해주던 모든 감각적인 즐거움들이 없어진 것을 발견하게 된다면, 그것은 여러분에게 매우 유익한 것입니다. 왜냐하면 그 때야 오직 믿음으로만 영적인 길을 갈 수 있다는 사실을 발견하게 될 것이기 때문입니다. 그 길이 비록 황량하고 어두울지라도 결국은 여러분을 목적지로 인도해줄 것입니다. 만약 여러분이 이런 경험을 못한다면 영적 순례의 길에서 어떤 특정한 목적지에 도착하기란 매우 어려울 것입니다. 도착 전까지는 매우 고통스럽지만 한 가지 확실한 사실은 분명 도착지는 있다는 것입니다. 저는 여러분이 끝까지 포기하지 않고 꾸준히 걸어가도록 격려하고 싶습니다. 더 이상 하나님과의 대화가 이루어지지 않고, 여러분의 기도 속에서 아무런 말도 할 수 없게 될지라도 포기하거나 넘어지지 마십시오.

6
두 종류의 영적 경험

믿는 자들이 걷는 모든 순례의 길에서 여러분들은 두 개의 범주에 속하는 영적인 경험을 하게 될 것입니다. 하나는 부드럽고 즐거우며 사랑스럽습니다. 또 다른 경험은 아주 애매하고 메마르며, 어둡고 황량하다고 말할 수 있습니다. 하나님께서 처음 우리들을 부르실 때는 전자의 경험을 사용하십니다. 그러나 후자의 경험을 통해 우리를 정화시키십니다.

주님께서는 먼저 여러분을 어린아이처럼 다루십니다. 그런 후에는 여러분을 강한 청년처럼 다루시기 시작합니다. 처음에 여러분이 그리스도인으로서 겪는 경험의 대부분은 외적으로 느낄 수 있는 것들과 관련이 있습니다. (이 때에 여러분은 이렇게 즐겁고 외적인 경험들에 매료되며, 사실 그런 경험들에 중독될 수도 있습니다.) 그러나 또 다른 범주에 속한 영적인 경험은 신자로서 더 이상 외적인 감각에 신경 쓰지 말아야 한다고 말합니다. 오히려 자기 안의 정욕과 싸워야 한다는 사실을 알고, 주님의 뜻에 완전히 동의하고 조화를 이루려는 의지를 가져야 합니다…. 이것이야말로 우리 모두에게 합당한 소명입니다.

메마름의 진정한 의미는 여러분에게 유용하도록 하나님께서 사용하시는 도구라는 데 있습니다. 그렇습니다. 그러한 메마름의 기간에는 여러분의 모든 감각들이 사라지고, 이제까지는 외적으로만 발전하던 모든 경건 생활도 끝이 납니다. 따라서 여러분이 알아야 할 사실은, 메마름의 기간에는 여러분이 그 동안 잘 드리던 기도를 그만두거나, 그리스도인으로서 여러분이 걸어온 삶의 많은 부분을 포기하게 될지도 모른다는 것입니다. 아니면 혹시, 여러분들은 외적인 감각과는 전혀 상관없는 편안함으로 쏠리게 될지도 모릅니다.

메마름의 시기에는 언제나 베일이 드리워지는데, 이 때 우리는 하나님께서 어떤 일을 행하고 계신지를 전혀 알지 못합니다. 만일 우리가 하나님께서 무슨 일을 행하시는지 항상 알고 있다면(그분이 우리의 외적인 사람과 그리고 내적인 사람에 행하시는 모든 일), 우리는 매우 자만할 것입니다. 항상 하나님이 하시는 일을 잘 알고 있다면 금방 자만하게 될 우리의 모습을 쉽게 상상해 볼 수 있지 않습니까? 심지어 우리가 하나님께 아주 가까이 다가갔다고 단정해버릴지도 모릅니다. 그러나 이런 결론은 우리를 파멸시킬 것입니다.

외적인 환경에 대한 의존감이나, 외적 감각에 의지하고 있는 모든 영적인 깨달음은 반드시 제거되어야 합니다. 어떻게 제거할 수 있습니까? 다름 아닌 메마름의 기간을 통해서입니다!

주님은 이런 메마른 땅과 황량한 곳들을 사용하고 계십니다.

농부가 봄이 되면 씨를 뿌리고 가을이 오면 거두듯, 하나님께서도 동일하게 행하고 계십니다. 하나님의 때가 이르면, 그는 우리로 하여금 모든 유혹들을 이길 수 있는 힘을 주십니다. (많은 경우에, 우리가 전혀 생각하지 못한 시기에 이 때가 찾아오는 것을 볼 수 있습니다.)

이런 영적인 메마름의 시기에도, 주님과 더욱 깊이 동행하고자 끝까지 노력하는 자들의 열매가 어떤 것인지 아십니까? 여러분이 이 기간 동안에도 잘 견디고 주님을 따라 겸손히 인내한다면, 그 메마름의 결과로 무엇을 기대할 수 있을까요?

여러분은 많은 열매와 유익을 가져다 줄, 인내의 선물에 대해서 배우게 될 것입니다. 또한 이 세상의 것들에 대해서 점차로 더 많은 권태로움을 느낄 것이고, 아주 조금씩이긴 하지만 여러분의 과거의 삶의 욕망들도 그 힘을 잃게 될 것이며,

대신에 주님을 향한 새로운 욕망들이 떠오르게 될 것입니다.

또한 이전에는 전혀 관심 없었던 것에 대해서 성찰하게 되고 관심을 집중시키는 것도 배우게 될 것입니다.

때로는, 여러분이 어떤 죄를 범하려는 순간에 여러분 내면의 깊은 곳으로부터 그 악을 범하는 것을 제지하는 어떤 경고를 감지하게 될 수도 있습니다. 여러분이 사랑하던 이 세상의 즐거움은 사라질 것이고, 여러분을 유혹하던 환경이나 사람들과의 대화 혹은 주님으로부터 멀어지게 했던 것이 무엇이든지 간에, 이런 모든 것들로부터 도피하려고 할 것입니다. 또한 전에는 아무런 양심의 거리낌 없이 행해오던 것들을 이제는 그만두게 될 것입니다.

여러분이 별로 큰 잘못이 아니라고 생각하며 어떤 죄를 범할 때, 여러분은 내면에서의 책망으로 인해 크게 괴로울 것입니다.

점차로 여러분은 하나님의 뜻을 행하려 하고, 이제 그분을 위해서라면 기꺼이 고난을 받겠다는 의지가 커져갈 것입니다.

또한 여러분 안에서는 거룩한 것을 향하여 점점 더 마음이 기울 것입니다.(아마도 여러분은 자신의 자아와 욕망, 더 나아가서는 여러분을 기다리고 있는 원수까지도 쉽게 다룰 수 있게 될 것입니다.)

이제 여러분은 자신의 자아에 대해서 더욱 잘 알게 되고 그것을 경멸하게 될 것입니다. 이러한 깊은 통찰력 없이 "영성"에 대해 시도하는 다른 모든 것들은 무가치하게 될 것입니다. 여러분은 모든 피조물보다 더욱 높은 곳에 계신 하나님을 크게 높여드리려는 경험을 할 것입니다. 따라서 여러분은 스스로 그분의 임재를 절대로 포기치 않겠다는 강한 소망을 가지게 됩니다. 왜냐하면, 이제는 그분을 떠난다는 것, 그분을 잃어버린다는 것 자체가 너무나 큰 고통이기 때문입니다.

여러분은 여러분 안에 평안함을 갖게 될 것입니다. 하나님의 통치에 확신을 갖고, 다른 모든 것들로부터는 분리를 원하게 됩니다.

위에서 언급한 모든 것들은 여러분이 영적으로 메마르고 건조한 때에도 끝까지 인내하며 기도한 결과로 얻게 되는 것입니다. 여러분이 기도할 때에 이런 것들을 쉽게 느끼지는 못하겠지만, 아마도 많은 시간이 지난 후, 하나님의 때 - 오직 하나님께서 보시기에 여러분에게 적합한 때 - 가 이르면 이런 속성들이 나타나기 시작할 것입니다.

제가 방금 언급한 모든 것들은 - 실제로는 그보다 더 많겠지만 - 마치 작은 영적인 기도의 나무로부터 솟아오르는 새싹과도 같습니다. 여러분은 이 나무가 너무 메마르고 많은 열매를 맺지 못할 것처럼 보이기 때문에, 혹은 이 가지의 싹이 너무 작아서 그 싹으로부터 아무런 수확을 얻지 못할 것처럼 보이기 때문에 이 작은 나무를 그냥 내버려두겠습니까? 사랑하는 자들이여, 지속적으로 인내하십시오. 우리의 영혼은 바로 이 메마른 나무 가지에 의해서 많은 유익을 얻게 될 것입니다.

7
두 종류의 헌신

 앞서 살펴보았듯이, 기도와 마찬가지로 헌신에도 두 종류가 있습니다. 처음의 헌신은 진정한 것이며 또 다른 헌신은 감각적이라고 말씀드릴 수 있습니다.

 진실한 헌신에는 특별한 즐거움도, 많은 눈물도 없습니다. 외적인 감각에 근거하여 주님께 드리는 헌신은 이성적이고 감정적인 것으로(느낌, 생각, 논리적인 결론들, 외적인 환경들, 복들, 공격적인 문제들, 혼란, 의심, 가난, 질병, 부, 선한 친구들, 원수들 등등), 우리가 전혀 추구해서는 안될 것들입니다. 이러한 헌신은 사실, 내적으로 성장하고 발전하는 것을 방해하게 됩니다.

 어떤 신자들은 주님과 함께하는 그 시간이 즐겁고, 기쁘고, 흥미로우면, 그들이 하나님께 특별한 사랑을 받는 것이라고 생각합니다. 그 다음에 그들은 자신이 하나님을 소유하고 있고, 그분과 특별한 동행을 하고 있다고 결론을 내리고 믿습니다. 그들은 자신의 전 인생을 이러한 주님과의 즐거운 교제를 갈망하는 데 드리고자 헌신합니다.

그러나 그러한 생각들은 완전히 착각일 뿐입니다.

방금 위에서 언급한 주님과의 관계 속에서는 모든 것이 본성적인 것입니다. 이런 것들의 대부분은 여러분의 본성에서 나온 사색(감정적인 흥분이나 지성적인 자극) 외에는 아무 것도 아닐 수 있습니다.

한가지 사실만은 분명합니다. 여러분의 순례의 길에서, 이 길이 옳은 길이며 하나님과의 관계라고 결론 짓고 더 이상 나아가지 않는 태도는 결국 주님과의 진실한 관계를 형성하지 못하게 합니다. 우리는 우리의 가장 깊은 곳에 우리의 순결한 영혼이 존재한다는 사실을 알고 있어야 합니다. 우리의 영혼은 우리의 감정이 느끼는 것과 동일하게 느끼지 않습니다. 그 영혼 안에서 깨달아지는 것은, 우리 존재의 좀더 외적인 부분들이 깨닫는 것처럼 표면적으로 인식되는 것이 아닙니다. 우리의 영혼은 자신이 사랑하는 것이 무엇인지를 알고 느낀다고 일어나서 말할 필요가 없습니다. 영혼은 그런 것들을 필요로 하지 않습니다.

그러면 이제, 우리가 (우리의 본성이 아닌) 주님의 본성에 좀

더 가까이 나아가고자 한다면 내적인 길을 추구해야만 한다는 것이 명백해졌습니다. 이렇게 하기 위해서는, 주님께서 우리의 삶의 인도자가 되시도록 맡겨야 할 것이며 황량한 곳, 심지어는 흑암의 곳에서도 우리의 빛이 되어주실 것을 기대해야 할 것입니다.

"아무 일도 일어나지 않는 때"일지라도 우리의 시간은 낭비되고 있는 것이 아님을 기억합시다. 예로부터 지혜자들은 "하나님을 기다리지 않는 것이 가장 유일한 게으름이다"라고 가르쳐왔습니다.

하나님을 위하여 여유로움을 갖지 않는 것이 게으름입니다! 하나님 앞에서 잠잠히 기다리는 것, 진정 이것이야말로 우리가 힘써야 할 가장 큰 일입니다. 주님께 가까이 다가가는 것에 대해 강조할 점을 반복하고 싶습니다. 그분의 내적인 영감을 따라야 하고, 우리 영혼의 가장 깊은 중심에서부터 주님의 영향을 받아야 하며, 우리의 의지로 주님을 존경하고, 기도할 때에 우리 안에서 일어나는 여러 상상들과 개념들과 생각들을 던져버려야 합니다. - 이것이야말로 참된 영적인 성장의 길인 것입니다.

8
두 종류의 어두움

 이제는 어두움의 두 종류에 대해서 말씀드리고자 합니다. 하나는 불행한 어두움이요, 다른 하나는 행복한 어두움입니다.

 첫째 어두움은 죄로부터 발생하는 어두움입니다. 이것은 불행으로 가득 차 있고 그리스도인들을 영원한 죽음으로 이끄는 어두움입니다. 둘째 어두움은 주님께서 우리의 내면에 선을 쌓고 정착시키기 위해 허용하시는 어두움입니다. 이것은 우리의 영혼을 조명해주고, 강하게 해주며, 더 밝은 빛을 주므로 행복한 어두움입니다.

 따라서, 여러분은 가는 길이 불분명하고, 사방이 어둡더라도 슬퍼하거나 염려해서는 안될 것입니다. 또한 하나님께서 여러분을 떠났거나 사랑하지 않는다고, 하나님의 임재가 사라진 것이라고 생각해서도 안됩니다. 더 나아가서, 여러분이 어두움에 있다고 해서 이전에 소유했던 빛을 잃어버린 것이나 이전에 주님과 함께 누렸던 관계 - 그것이 얼마나 큰 복이었든, 그것이 완전히 소멸되었든지 간에 - 를 모두 잃게 된 것을 커다란 손실로 여겨서는 안될 것입니다. 그것은 결코 손해 본 것이 아닙니다.

저는 여러분이 이 때를 행복한 어두움 즉, 여러분의 내적인 추구에서 반드시 극복해야 하는 어두움의 기간으로 볼 수 있기를 바랍니다. 이 어두움이야말로 무한하신 자비의 하나님께서 여러분을 내면의 길로 부르시고 있다는 명백한 증거입니다. 사랑하는 친구여, 만일 여러분이 단순히 이 어두움의 기간을 평화롭게 복종하며 받아들일 수 있다면 그 결과는 얼마나 아름답겠습니까! 이 기간은 여러분의 영적인 유익을 위한 것입니다. 이 기간은 결코 주님을 향해 가는 우리의 영적인 순례의 길을 지연시키지 않습니다! 이 때로 인하여 지연되는 것처럼 보일지도 모르지만, 실상은 오히려 우리의 목적지를 향해 더 빨리 재촉하고 있는 것입니다.

여기서 한가지 사실만 지적하고자 합니다.

아마도 여러분으로부터 자연적인 빛이 제거되었기 때문에 어두움이 찾아오게 되었을지도 모릅니다. 그러나 여러분은 이 어두움 속에서 처음으로 여러분의 영혼 안에 존재하는 초

자연적인 빛 - 어두움의 한 복판에서 점점 커지는 빛 - 을 발견하기 시작할 것이라는 사실을 기억하시기 바랍니다. 종종 메마름의 기간에 지혜와 강렬한 사랑이 잉태됩니다.

(물론 어두움이나 메마름의 기간에 여러분이 하나님을 사랑하는 훈련에서 돌아선다거나, 혹은 세상을 추구하기 위해 돌아선다면, 여러분은 이러한 유익을 모를 것입니다.)

여러분의 자아가 치명적으로 공격을 받는 때는 - 외적으로 큰 영적인 기쁨을 누릴 때가 아니라 - 어두움의 기간을 통해서입니다. 뿐만 아니라, 여러분에게 하나님에 대해서 그릇된 인상을 주었던 것들 - 영상들, 생각들, 방황들, 그리고 다른 방해물들 - 이 사라지게 됩니다. 맞습니다! 이제까지 우리가 이야기한 것들에 의해서 신자들은 내면의 길로 인도함을 받습니다.

무엇보다도 주님은 여러분의 외적인 감각들을 정화시키려고 메마름의 기간을 사용하시는 것이며, 이 정화의 과정은 여러분의 내적인 발전을 위해 반드시 필요합니다.

그러면, 이제 메마름과 어두움의 때를 바라보는 여러분의 견해는 어떠해야 합니까? 이는 저와 여러분에 의해서 중요하게 평가되어야 하고 수용되어야 합니다! 어두움의 때에 우리가 해야 할 일은 무엇입니까?

믿는 것입니다.

여러분이 주님 앞에 있고 또한 그분의 임재 가운데 있다는 사실을 믿으시고, 사랑으로 그리고 고요하게 집중함으로 주님께로 나아오는 것을 지속하시기 바랍니다. 무엇인가를 발견하려고 노력하지도 마십시오. 이해하려고 노력하지도 마시기 바랍니다. 특히 어두움에서 빠져 나오는 길을 찾으려고 애쓰지 말고, 무엇보다도, 여러분의 삶에서 가장 신실했던 때와 영적으로 가장 충만하고 복이 넘쳤던 때와 조금도 다름없이, 하나님 앞으로 나아가는 것을 멈춰서는 안됩니다.

주님을 향한 어떤 감정을 구하거나, 아니면 애정어린 헌신을 드리려는 시도조차 하지 마십시오. 오직 하나님의 뜻을 행하고 그의 기쁨이 되기만을 원한다고 표현하십시오. 그렇지 않으면, 여러분은 전 생애 동안 그저 원을 그리면서 돌기만 할 뿐, 내면의 목표를 향해서는 한 발자국도 내딛지 못할 것입니다. 예수 그리스도를 감정적으로 경험하는 것이 결코 여러분의 목표가 되어서는 안되며, 또한 그것은 주님의 목표도 아닙니다.

9

영적 관심을 잃어버림

 여러분들이 외적인 삶에 대하여 좀더 죽고자 결심하고 하나님의 높은 산을 오르기로 작정한 후, 아마도 모든 일이 제대로 이루어지지 않는다고 느끼게 될 것입니다! 그 동안 여러분이 소중하게 여기던 놀라운 경험들은 점점 메마르게 될 것입니다. 또한 여러분은 영적인 것을 토론하는 것조차 힘들어지게 될 것이고, 혹은 하나님에 대한 좋은 생각들을 상상할 수조차 없게 되어버린 자신을 발견하게 될지도 모릅니다. 천국은 마치 놋으로 변해버린 것 같고, 만일 빛이 남았다면 아주 희미할 뿐입니다. 그리고 여러분이 집중하고 생각하기 위해서 돌아설지라도, 그러한 여러분의 생각들도 여러분에게 위로가 되어주지 못할 것입니다.

 만일 여러분의 삶에 이런 경우가 찾아올 때 여러분의 적은 수많은 방법들 - 여러 제안과 불결한 생각들, 조바심, 자존심, 분노, 저주, 혼란 등 - 을 가지고 다가온다는 것을 여러분은 명심해야 합니다. 아마도 여러분은 하나님께 속한 것들에 대해서 싫증이 날지도 모릅니다. 그리고 여러분은 자신이 영적인 통찰력을 잃어버렸다고 느낄 것입니다. 어떤 사람들은 아예 하나님은 없다고 느끼거나, 적어도 자신들을 위한 하나님은 존재하지 않는다는 극단적인 생각을 하기도 할 것입니다. 여러분은 자기 안에 선한 갈망이 하나라도 남아 있는지조차 의심하게 될 것입니다.

그렇지만 두려워하지 마십시오. 이런 것들은 여러분을 정화시키는 효과가 있습니다. 여러분은 자신의 무가치함을 깨닫는 감각 속에서 성장하게 될 것이고, 또한 여러분의 외적인 욕구를 처리해야 할 필요성을 깨달으면서 자라날 것입니다. 오직 하나님만이 여러분의 외적 감각인 요나를 바다에 던져 버릴 수 있습니다. 여러분 스스로의 모든 노력과 채찍질은 아무런 소용이 없게 될 것을 확신하기 바랍니다. 모든 외적인 노력들, 혹은 종교, 혹은 자기부인일지라도 소용이 없습니다. 오히려 그런 것들은 여러분에게 한 빛을 비추어주는 데 도움이 될 것입니다. 그 빛은 "당신은 아무 것도 할 수 없습니다. 모든 것은 당신의 손이 아닌, 하나님의 손에 달려 있습니다"라고 말합니다.

10
환경들

좀더 나은 기반, 자랑, 야망, 수많은 욕구와 판단들, 합리화 그리고 의견들을 가지고 살아가는 것이 우리 각 사람들의 본성입니다. 만일 우리들의 삶 속에서 우리들을 부끄럽게 만드는 어떤 일이 일어나지 않는다면, 확실히 이 모든 것들은 우리를 타락하게 만들 것입니다.

따라서 주님께서 어떤 일을 행하는지 아십니까? 그는 교만한 제안들, 탐욕, 분노, 아마도 욕설, 저주 그리고 심지어는 절망까지도 사용하셔서 우리의 믿음이 공격을 당하도록 허락하십니다. 그것들은 모든 공격들 속에서도 마치 복합처방제처럼, 우리의 본성의 교만함을 겸손케 하는 역할을 하는 것입니다.

여러분은 이사야 선지자가 우리의 의(righteousness)는 마치 냄새나는 더러운 걸레와 같고, 우리의 허영심과 자만과 자기 사랑에 불과한 것이라고 일깨웠음을 아실 것입니다.

　우리의 영혼이 깨끗케 되기를 간절히 원하시는 주님은 아주 거친 연장을 사용하실 수도 있습니다. 맞습니다! 심지어는 여러분의 삶에서 가장 진실되고 거룩한 것들로 공격받게 할지도 모릅니다. 이런 공격은 영혼으로 하여금 자신의 본성이 얼마나 불행한 존재인지를 진심으로 발견하고 알게 하기 위하여, 그 인간의 영혼을 깨우는 계시로서의 역할을 합니다.

　그리고 만일, 여러분이 이런 때에 누군가에게 영적인 상담을 받기 원한다면, 약간의 도움을 받을 수는 있겠지만 오히려 도움을 기대하지 않는 것이 더욱 지혜롭습니다. 여러분의 깊은 내면은 내적인 평화의 처소입니다. 그리고 만일 여러분이 이 기간들을 통과해서 주께 나오고자 한다면 또한 평화를 잃지 않고자 한다면, 여러분의 믿음이 필요합니다. 여러분은 온전한 하나님의 자비하심을 신뢰해야 합니다…. 그 자비가 여러분을 낮추고, 괴롭게 하고, 그리고 시험하는 때라도 말입니다. 만일 여러분이 하나님 앞에서 단순히 고요해진다면, 여러분은 얼마나 행복해질까요! 심지어 이 기간이 마귀에 의해서 찾아온다고 해도, 여러분은 전능하신 하나님의 손 안에 있으며, 따라서 이 모든 것들은 결국 여러분에게 유익하고 영적으로도 득이 될 것입니다.

그러나 아마도 여러분은 의의를 제기하면서, "나의 문제는 그런 것이 아닙니다. 그것은 주님에 의해서도, 마귀에 의해서도 아닙니다. 내게 일어나는 문제는 사람들로부터 온 것입니다. 나의 이웃에 의해서, 악의와 불의에 의해서 온 것입니다. 내 문제를 잘못 다루고 있는 것입니다"라고 말할지도 모릅니다.

주님께서 다른 사람들로 하여금 여러분에게 죄를 범하도록 의도하시지는 않았음이 분명합니다. 그러나 주님은 여러분을 대적하여 죄를 범한 결과들이 결국에는 그분의 영광으로 변화하도록 주장하십니다. 그분은 여러분이 인내 가운데에서 성장하도록 역사하실 것입니다.

여러분이 다른 사람에 의해서 상처를 받을 때, 그가 신자이든 아니든, 두 가지의 문제를 고려해야 합니다. 첫째는 상처를 준 사람의 죄 문제이고, 둘째는 여러분을 위한 교훈입니다. 모르긴 해도, 교훈 그 이상이 될 것입니다. 물론 다른 사람의 죄는 주님을 거역한 것이고 그분을 기쁘시게 못합니다. 그러나 그로 인해 여러분의 내면에서 일어나는 파괴는 주님의 뜻이며, 여러분에게 유익한 것입니다. 그렇다면 우리가 그 뜻을 받아들이는 것보다 더 좋은 방법이 있을까요? 받아들이되, 마치 그것이 주님의 손으로부터 직접 온 것처럼 말입니다.

멀리서 예를 들 필요도 없이, 우리 주님의 삶에서 그 예를 쉽게 찾을 수 있습니다. 주님의 죽음은 악한 자들과 빌라도의 죄로 인한 것이기도 했지만, 우리가 아는 대로, 그분의 죽음은 우리의 구속을 위한 것이었습니다.

확실히 주님은 다른 사람들의 죄를 사용하여 우리의 영혼에 유익하게 하십니다. 주님의 지혜가 얼마나 놀라운지요!

> 주여, 누가 당신의 비밀의 깊이를 측량할 수 있을까요! 주께서 우리의 영혼을 인도하시는 놀라운 방법과 숨겨진 길들은, 우리로 당신의 성품과 삶을 닮도록 정결케 하고, 새롭게 하고, 변화시킬 것입니다.

여러분이 회심할 때, 주님은 여러분 안에 - 영혼 안에 - 여러분의 존재의 가장 깊은 곳에 머물기 위해 찾아오셨습니다.

이제, 천국의 왕 되신 주님을 위하여 여러분의 영혼은 그의 처소로 지어져 가는 것이며, 따라서 여러분의 영혼에는 변화가 일어나야 할 필요가 있습니다. 주님은 우리의 영혼을 극렬한 풀무불 속에서 정화된 정금처럼 깨끗케 하실 것입니다.

고난과 어려움의 기간만큼 우리의 영혼이 진정으로 사랑하고 믿는 때가 없다는 것은 확실합니다. 여러분이 믿든지, 안 믿든지(동의하든 아니든 간에) 여러분을 공격하는 의심과 공포와 재난은… 주님의 사랑에 대해서 여러분을 정화시키는 것 외에는 아무 것도 아닙니다.

만일 이 사실에 대한 증거가 필요하다면, 정화시키는 불이 그친 후에 여러분의 영혼이 얼마나 진보했는가를 보기만 하면 됩니다.

제일 먼저, 자아에 대한 불신감이 커지면서, 하나님의 위대하심과 전능하심에 대한 깊은 인식도 자라가고, 주께서 모든 위험으로부터 건져주실 것이라는 더욱 놀라운 확신을 갖게 될 것입니다. 더 나아가서, 우리의 입술은 더욱 뜨거운 믿음으로 죄를 고백하려고 할 것입니다.

그러므로 사랑하는 여러분, 이 어려움의 기간들을 위대한 행복으로 여기시기 바랍니다. 더 많은 공격을 받을수록, 여러분은 평강 속에서 더 많이 기뻐해야 마땅합니다. 슬퍼하지 마십시오. 오히려 하나님께서 여러분에게 행하시는 복으로 인해 감사하십시오. 여러분에게 일어나는 것을 무시해 버리기 바랍니다. 여러분의 원수는 자기가 하나님의 자녀에게 행한 모든 것에도 불구하고, 자신이 무시당할 때 가장 기력을 잃습니다. 왜냐하면, 자기가 행하고 제안하는 모든 것들이 아무런 소용이 없음을 깨닫기 때문입니다.

여러분의 적이 누구인지 전혀 보지 못한 자처럼 살아가십시오. 스스로 염려를 버리고 평안을 유지하십시오. 이해를 구하거나 혹은 질문조차도 삼가시기 바랍니다. 여러분이 할 수 있는 가장 위험한 일은 무엇보다도 마귀와 이성적으로 겨루려는 것입니다. 마귀는 속임수에 매우 능숙한 자이기 때문입니다.

   주님의 모든 자녀들은 반드시 슬픔의 골짜기와 불공평한 공격들을 통과해야만 합니다. 주님께서는 가장 성스러운 자들도 계속해서 연단하심을 확신해야 합니다. 진실로 그들은 가장 큰 유혹들을 통과하는 자들입니다. 그런 그들의 면류관은 더욱 클 것이고, 헛된 영광을 추구하던 것은 멈추게 될 것이며, 주님과의 관계는 더욱 확고하게 유지될 것입니다.

11
유혹

 가장 큰 유혹은 유혹이 전혀 없는 것이라고, 저는 말하고 싶습니다. 가장 큰 공격은 공격을 전혀 받지 않는 것입니다. 그러므로 여러분은 공격받을 때 기뻐하기 바랍니다. 복종과 평강과 일관성을 가지고 살아가십시오. 내면의 그곳에서 주님과 동행하며 살아가시기 바랍니다.

 여러분은 반드시 이 유혹의 골짜기를 지나가야 합니다. 여러분은 이 길을 얼마 더 지나지 않아서, 여러분의 가장 깊은 내면이 흩어져 있다는 사실을 발견하게 될 것입니다. 그곳은 흩어져 있고 활동적이며, 바삐 움직이고 있습니다. 영혼의 가장 깊은 그곳은 대단히 분주합니다!

 어떻게 하면 여러분의 내면에서 일어나고 있는 많은 것들과 끝없이 퍼져있는 것들을 한 곳으로 모을 수가 있을까요?

주님은 하나님의 임재 안에서 믿음과 침묵으로 그것들을 함께 부르고 계십니다. 그러므로 그분의 임재 안에서 오직 하나의 목적과 그를 사랑하고자 하는 의도로 자신을 집중하십시오. 자신을 하나님께 맡겨드리는 자처럼 나아오십시오. 그리고 여러분은 영혼의 가장 깊은 내면의 안식처에 계시는 주님을 바라보십시오. 이 때에 여러분의 상상력을 사용하지 마십시오. 사랑 안에서 안식하고, 그분께 대한 사랑과 믿음으로 나아오되, 특정한 호소나 요청 혹은 욕망으로 나아오지 않기를 바랍니다.

여러분의 삶을 주님의 손에 맡기십시오. 결국에는 주님의 선하고 기뻐하시는 뜻에 따라 결말이 오게 될 것입니다. 스스로를 반성한다거나, 여러분이 얻기를 희망하는 목표조차도 생각하지 마십시오. 그 목표가 인격의 변화라고 해도 말입니다! 여러분의 감정뿐만 아니라, 이성과 논리 그리고 여러분의 행복을 위해서 하나님을 신뢰하던 것에서도 멀어지려고 하십시오. 여러분의 삶에서 현재 일어나고 있는 일에 대해서도 관심을 갖지 마시기 바랍니다.

이제까지 말씀드린 바와 같이 여러분의 믿음은 진실해야 하고, 여러분의 사랑은 일반적이어야 하는데, 여러분의 상상과 논리를 사용치 말고, 특정한 것에 집중해서도 안됩니다. 여러분의 생각들이 바쁘게 움직이지 않도록 노력하시기 바랍니다.

그렇다면 여러분의 내적인 존재의 모든 흩어진 부분들을 어떻게 집중시킬 수가 있습니까?

여러분은 새벽이 오기까지 밤 새워 하나님과 씨름했던 야곱을 기억하십니까? 그 후에 주님은 야곱에게 복을 주셨습니다. 여러분에게도 야곱과 같은 인내가 필요합니다. 내적인 존재를 집중시키려는 여러분의 노력에 방해되는 모든 어려움에 대해서 인내하십시오. 주님의 내적인 밝은 태양의 빛이 여러분 안에서 떠오르기 시작할 때까지 절대로 포기하지 마십시오. 주께서 여러분의 영혼에 복을 부어주실 때까지 확고하게 인내하셔야 합니다.

제가 여러분에게 확실히 말씀드릴 수 있는 것은, 여러분이 자신을 주님께 드린 후에 내적인 방법으로 주님과 동행하고 주님 안에 살면, 온 지옥의 세력들이 여러분을 대적하여 공격한다는 것입니다. 자신의 내면에 머물고 있는 단 한 사람의 신자는 외적인 길을 걷고 있는 천 명의 신자들보다 적과의 싸움에서 더 큰 승리를 거둘 수가 있기 때문입니다. 바로 우리의 원수는 자신의 내면으로 집중시킬 수 있는 신자에게 부어질 무한한 유익을 벌써 알고 있습니다.

야망에 대해서 주의하십시오. 비록 그 야망이 영적인 존재가 되는 것이라고 해도 말입니다. 여러분은 자신을 위해서가 아니라 하나님을 위해서 여기에 머무는 것입니다. 주님은 하나님의 왕국에서 더욱 크게 되고자 하는 여러분의 모든 야망보다도, 자신을 내적으로 고요히 유지하고자 노력하는 가운데 여러분에게 일어나는 문제들을 더욱 중요하게 평가하십니다.

여러분은 여러분의 방황하는 생각들을 물리치려고 노력할 것입니다. 그러나 아마도 이것은 여러분이 그 생각들을 물리치려고 하지 않을 때보다 여러분을 더욱 불안하게 할 것입니다. 여러분의 연약함 속에서는 방황하는 마음의 이러한 모든 문제들을 하나님께 평화롭게 맡기는 것이 더 좋습니다. 그리고 나서 여러분의 방황하는 생각이 허락하는 한 주님께로 돌아가십시오. 여러분은 아무런 빛을 느끼지 못할 수도 있고, 영적으로도 아무런 변화가 일어나지 않았다고 느낄 수도 있습니다. 그런 것으로 인해 방해받지 마십시오. 다시 한번 자신을 집중시키십시오. 그런 후에는 자신을 확고하게 맡기길 바랍니다.

나의 생각들이 주님으로부터 멀어져 방황하고자 선택할지라도, 혹은 그들이 계속해서 주님으로부터 멀어져 방황하게 될지라도, 내가 방황했다는 것을 깨닫게 될 때마다 나는 주님께로 돌이켜, 내 마음이 방황한 것으로 인해 좌

절하는 생각을 버리고 자신을 주님께 맡길 것입니다.

여러분은 메마른 기도가 나올 때, 그것이 기도 준비가 부족했거나 주님 앞에서 보낸 시간이 아무 소용이 없었기 때문이라고 믿으십니까? 그렇다면, 여러분의 믿음은 잘못된 것입니다. 참된 기도는 주님을 즐거워하거나 혹은 그분의 빛을 즐거워하는 것으로 이루어지지 않습니다. 뿐만 아니라 그것은 영적인 것들에 대한 지식을 얻는 것도 아닙니다.

(여러분은 사색적인 이해를 통해 영적인 것들에 관해서 배울 수는 있습니다. 여러분은 그러한 모든 것들에 대해서 완전히 통달하고서도, 여전히 주님의 성품이나 그분의 인격을 변화시키는 능력과는 아무런 관계가 없을 수도 있습니다.)

참된 기도의 견실함은 믿음으로 그분을 기다리는 것입니다. 가장 먼저, 여러분은 주님의 임재 안에 있음을 믿어야 합니다. 여러분은 여러분의 마음을 다해 그분께로 돌아서고 있음을 믿어야 합니다. 그리고 거기서, 주님 앞에서 고요하게 기다리는 것입니다. 여러분에게 필요한 준비물은 그것이 전부입니다. 그 최후의 결과는 수많은 열매들을 포함하고 있습니다.

이 때에도 원수가 여러분의 고요를 깨뜨리고자 그리고 문제를 일으키고자 찾아올 것을 기대해야 할 것입니다. 그것이 원수의 본성이기 때문입니다. 여러분은 여러분이 늘 즐겨오던 것들의 본질 - 여러분의 외적인 감각들이 영적인 것들로부터 빼앗아온 즐거움들(여러분이 은사로 받은 것까지도 포함하여) - 을 발견하게 될 것이며… 이 모든 것들은 점차 사라지게 될 것입니다.

여러분은 지루해질지도 모릅니다. 모든 훈련이 어렵게 느껴질 수도 있습니다. 여러분이 이런 문제들이나 혹은 다른 문제들을 만나게 될지라도… 인내하십시오!

여러분은 너무 많은 생각들로 인한 문제, 상상력의 문제, 자연적인 욕망으로부터의 도전 그리고 너무나 메마른 영적인 생활로 인한 문제들로 고통받을 수도 있습니다. 그러나 이 모든 유혹들은 여러분의 영혼에게 굴복되어야만 합니다.

이러한 모든 상황들은 메마름으로 일컬어지지만, 실제로는 매우 유익한 것들입니다. 만일 여러분이 인내로 이들을 수용하고 받아들인다면 말입니다.

만일 여러분이 주님을 위해 따로 떼어놓은 시간에 아무 것도 하지 못한 것처럼 보일지라도 속아서는 안됩니다. 선한 마음 - 기도에 확고함 - 은 주님을 매우 기쁘게 합니다.

우리가 이 길로 주님께 나아올 때에 우리는 모든 개인적인 이익을 바라지 않고 수고하는 것입니다. 우리는 오직 하나님의 영광을 위해서 애쓰는 것입니다. 우리가 헛되게 기다리는 것처럼 보일 수도 있지만, 진실로 그렇지 않습니다. 우리는 들에서 아버지와 함께 일하는 젊은 청년과 같습니다. 그 날의 수고가 끝날 때, 우리는 고용된 일꾼들과는 달리, 아무런 대가를 받지 않습니다.

   그러나 그 해가 끝날 때에, 우리는 모든 것들을 즐기게 될 것입니다.

12

하나님을 찾으면서 자아를 찾음

 하나님께서는 가장 많이 행하는 사람, 가장 많이 느끼는 사람, 가장 현명하고 훌륭하게 생각하는 사람, 더 나아가서는 가장 위대한 사랑을 보여주는 사람보다도, 가장 많이 고통 당하는 사람을 사랑하십니다.

 깊은 기도란 외적인 감각을 의지하는 것도, 인간의 본능에 만족스러움을 주는 것들을 의지하는 것도 아니라는 말씀은 곧, 그것은 우리의 어떤 부분에 대해서 순교를 요구하는 것임을 말합니다. 그러나 기억할 것은, 우리가 말하는 이것은 주님을 기쁘시게 하는 것이기도 하다는 것입니다.

 어떤 감정적인 경험이나 주님의 길에 대한 지성적인 통찰력 또한 전혀 없을때, 우리의 원수는 하나님께서 아무 말씀도 하시지 않았다고 말할지 모릅니다. 그러나 주님은 많은 말로 인해 감동 받으시는 분이 아닙니다. 그분은 여러분의 정결한 마음으로 인해 감동을 받으십니다. 그분은 여러분의 내면이 겸손하고 고요하며, 주님과, 그것이 무엇이 되든, 그분의 뜻에 완전히 복종하는 것을 보기 원하십니다. 여러분은 이러한 관계를 형성하게 하는 감정들은 찾을 수 없을 것입니다. 하지만, 여러분은 아무 것도 아니고 오직 주님만이 모든 것이 되시는 곳으로 여러분을 인도해 줄 문을 발견할 것입니다.

어떤 사람들은 그들의 내적인 존재를 집중하는 훈련을 시작하자마자, 거기서 어떤 즐거움도 찾을 수가 없다는 이유로 곧바로 돌아서 버립니다! 거기에는 하나님에 대한 감각도 없고, 능력도 없으며, 자신의 생각들로 기뻐하는 느낌도 없고, 혹은 자신들의 단어와 문장을 만들어 하나님께 드리는 기도 방법에 의해서 감동을 받는 느낌도 없다고 말합니다. 사실상, 하나님께 접근하려는 이러한 방법들은 모두 감각적인 즐거움을 찾는 것 외에는 아무 것도 아닙니다. 하나님께는 이 모든 것들이 이기적인 사랑과 자아를 찾는 것으로 보일 뿐입니다. 이것들은 결코 하나님을 찾고 있는 모습들이 아닙니다.

여러분들이 얼마간의 고통과 메마름의 시간을 경험하는 것은 꼭 필요한 일입니다. 여러분이 얼마나 많은 시간을 잃어버렸는지, 혹은 여러분이 경험한 다른 손해에 대한 생각을 버리고, 존경심을 가지고 주님께 나아오십시오. 메마름이나 빈곤

함에는 관심을 두지 마십시오. 결국, 여러분은 영원한 보상을 발견할 것입니다.

여러분의 외적인 사람이 기도하면서 어떤 즐거움으로 기뻐하면 할수록, 주님 안에서의 기쁨은 그만큼 줄어들게 될 것입니다. 그러나 영적인 것들에 대한 외적인 감각의 관심이 줄어들면 줄어들수록… 오! 이것이야말로 주님을 기쁘게 해드리는 것입니다.

13
고요함

여러분들이 방황하는 생각들과 유혹들을 쫓아버리기 위해 사용할 것은 고요함입니다.

여러분은 기도할 때에 여러분의 전 존재를 하나님의 손에 맡겨드리되, 완전한 자기 포기와 믿음으로 맡기십시오. 여러분이 그분의 임재 안에 있다는 사실을 믿으시고, 거기서 조용히 머무십시오. 그리고 제가 이미 말씀드린 것처럼 고요함을 유지하시기 바랍니다.

(방황하는 마음으로 애가 타십니까? 이것이 과연 여러분의 삶이 주님의 손에 완전히 맡겨져 있고, 모든 것이 주님으로부터 왔음을 인정한다는 증거겠습니까?)

예를 하나 들겠습니다. 만일 여러분이 사랑하는 친구에게 귀한 보석을 주었다고 칩시다. 그 보석이 일단 그에게 전달되었다면, 여러분은 "내가 이 보석을 당신께 드립니다. 이 보석을 당신께 드립니다"라고 반복해 말할 필요가 없습니다. 여러분은 그저 그 친구가 보석을 갖고 있게 두면 됩니다! 다시 보석을 빼앗아서는 안됩니다! 여러분이 친구로부터 보석을 빼앗아 오지만 않는다면, 여러분은 분명히 그에게 보석을 선물로 준 것입니다.

주님께 대해서도 마찬가지입니다. 주님께 여러분의 헌신과 자기 포기를 계속해서 상기시켜 드리려 애쓰지 마십시오. 여러분은 이미 주님께 그 보석을 드렸습니다. 그것을 도로 찾아와서는 안됩니다.

어떻게 하는 것이 그것을 다시 찾아오는 것입니까?

주님의 뜻에 거역하는 주목할 만한 죄를 범하는 것이 유일한 방법입니다.

✢ ✧ ✢

주님 앞에 가기를 준비하는 그 간단한 일만해도 매우 큰 준비입니다. 그것은 여러분이 지금 무엇을 하고 있는지에 대한 감각을 일깨워 줄 것입니다.

하나님의 임재 안에 있는 여러분은 단지 평화 가운데 머무는 것이라는 이 간단한 사실을 항상 마음에 새겨야 합니다.

여러분은 사랑을 배워나가고 있습니다. 그러므로 외적 감각에 의해 주로 기인하는 많은 격정적 행동들이나 외적 의무, 봉사 같은 일들로부터 한 발자국 물러서는 법을 배워야 합니다. 이런 일들을 대신해 즐겁고, 다정하고, 달콤한 감정들을 누리라는 것이 아닙니다. 그것은 비록 외적인 행동이 아니며 다소간 영적부분이 있을 수 있겠지만, 이 역시 대부분 본성에 따르는 일들입니다. 여러분의 영혼은 아무런 방해 없이 주님을 사랑해야 합니다. 심지어는 영적인 복이란 방해물일지라도 말입니다.

일을 행하려는 욕망도, 많은 것들을 생각하려는 욕망도 버리고, 오히려 여러분 스스로를 믿음 속으로 몰두시켜야 합니다.

샨탈(Chantal) 부인의 말을 인용하려 합니다. 그녀가 당시에 주님의 종이라 불리던 사람들 가운데 한 사람에게 보낸 편지를 소개합니다.

저는 스스로 주님께 드린 바 된 것을, 그분 안에 동화되고 평온하게 된 것을 느꼈습니다. 고요하게 되었습니다. 하나님에 대한 이러한 단순한 인상은 그분의 은혜로 인해 제 안에 지속되었습니다. 그러나 후에 두려움에게 길을 내어주자, 내 자신이 무가치하고, 이러한 상태가 아무런 유익을 주지 못한다는 생각이 들었습니다. 선한 일을 행하려는 욕망과 주님께 봉사하려는 욕망이 찾아왔습니다. 그러나 만일 제가 저의 내적인 자극을 따른다면 다른 모든 것들을 버려야만 했습니다.

저의 논리나 헌신 그리고 봉사함으로 저의 존재를 강하게 하고자 생각했을 때, 노력에 의하지 않고는 그렇게 행할 수가 없었습니다. 그러나 주님은 그분의 뜻에 의해 모든 것을 행하십니다. 제가 고요한 평온함의 자세로 저의 내면을 유지하면 할수록, 모든 것에서 더욱 더 성공할 수 있었습니다. 이제는 결코 저 자신을 보지 않고 다만 눈을 감은 채, 사랑하는 분께 기대어, 그가 인도하시는 길을 보거나 알려고 애쓰지 않고 걸어가고자 합니다. 그리고 저의 생각들을 그 어떤 것에도 고정시키지 않을 뿐만 아니라 주님께 어떤 간청도 드리지 않고, 진실로 조용히 물러가 그분 안에서 잠잠함만을 유지하고자 합니다.

14
헌신

많은 사람들이 제게 이렇게 말했습니다. "저는 모든 것을 완전히 포기하고 주님께 나왔습니다. 그리고 믿음으로 주님의 임재에 제 자신을 맡겼습니다. 그러나 저는 조금도 성장하지 못했습니다. 그 이유는 저의 생각들이 너무 흩어져 있어서 하나님께 고정시킬 수가 없었기 때문입니다."

괴로워하거나 용기를 잃지 마십시오. 시간도, 공로도 잃어버린 것이 아닙니다. 여러분의 영적인 추구를 멈추지 않기를 바랍니다. 여러분이 주님 앞에 나올 때에 주님에 관해서 생각할 필요가 없습니다. 여러분은 계속해서 진보해야 할 필요만 있을 뿐입니다.

여러분의 상상력은 셀 수없이 많은 생각들 사이로 산보하며 다닐지 모릅니다. 그러나 제가 확실하게 말씀드리는 것은,

주님은 여러분을 떠나지 않았습니다. 그러므로 여러분은 기도 가운데 계속해서 인내하시기 바랍니다. 주님께서 여러분 안에서 기도하시되, 영과 진리로 기도하고 계신 것을 기억하시기 바랍니다. 여러분이 의도하지 않은 마음의 흩어짐은 기도의 열매를 빼앗지 못합니다.

그러면, 여러분은 제게 이렇게 질문할지 모릅니다. "적어도 제가 하나님의 임재 안에 있다는 사실만큼은 기억해야 하지 않을까요? '주여, 당신은 제 안에 살아계시오니 저 자신을 온전히 주님께 바칩니다'라고 말해야 하지 않을까요? 적어도 이런 기도만큼은 분명 드려야 하겠지요."

아닙니다. 그럴 필요가 없습니다. 여러분은 이미 기도하려는 마음을 가지고 있고, 그 결과로 주님 앞에 나왔습니다. 여러분의 믿음과 여러분의 의도가 있다면 항상 충분한 것입니다. 이들은 항상 지속되고 있습니다. 말이나 생각을 버리고, 여러분의 기억을 단순화시킬수록, 여러분 안에 살아계신 주님과의 관계는 무너질 수 없는 더 좋은 기초를 놓게 되는 것입니다.

때로는 "'주여, 저는 당신의 영광이 이곳에 있음을 믿습니다'라고 기도하는 것이 적합한가요?"라는 질문도 받습니다. 그 대답 역시 동일합니다. 여러분의 영혼은 믿음의 눈으로 하나님을 바라보고 있고, 믿고 있으며, 그분의 임재 가운데 있습니다. 여러분 존재의 깊은 곳으로부터 "나의 하나님, 당신이 여기에 계십니다"라고 말할 필요가 없습니다. 다만 믿으시기 바랍니다.

여러분의 영혼은 항상 믿고 있습니다.

여러분의 영혼은 그가 거기에 계심을 알고 있습니다.

자, 믿음과 앎이 항상 있는 그곳으로 가십시오.

여러분은 어떻게 그곳으로 가고자 하십니까? 오직 믿음에 의해서만 갈 수 있습니다.

여러분이 주님 앞에 도달할 때가 되면, 여러분의 친구인 믿음과 의도가 다 알아서 여러분을 하나님 앞으로 인도할 것입니다. 여러분은 오직 믿음에 의해서 그리고 하나님의 임재 안에서 끝까지 기다리는 동안 여러분의 역할에 대해서 완전히 포기함으로 그곳에 도달할 것입니다.

만일 여러분이 믿음과 의도를 철회하지만 않는다면, 그것이 곧 믿음과 순종으로 걸어가는 것이고, 따라서 기도 가운데 걷고 있는 것입니다.

산은 "나는 산이다"라고 말하지 않습니다. 또 어떤 여자든 다니면서 "나는 결혼했습니다. 나는 아내입니다. 나는 아내입니다"라고 말하지 않습니다. 여러분은 다니면서 "나는 그리스도인입니다. 나는 그리스도인입니다"라고 말하고 다니십니까? 혹 여러분이 그것에 대해 생각하지 않을지라도 여러분은 여전히 그리스도인인 것입니다. 그 여자는 여전히 한 사람의 아내이며, 산은 여전히 산입니다.

그리스도인들에게 행해야 할 의무가 있다면, 자신의 입으로 믿는 것보다 마음으로 더 잘 믿어야 한다는 것입니다. 아내는 그녀의 단정한 삶을 통해 남편에 대한 충성을 나타내 보여줍니다. 일단 그리스도인들이 자기 안에 거하는 주님을 믿기로 결단하고, 그 이후로 주님을 찾고자 결심하면서, 또한 하나님의 뜻을 따라 행하는 것 외에는 아무 것도 하지 않겠다고 작정한다면… 한번 이런 것들이 행해지면, 그 사람은 그의 영혼 안에 있는 믿음에 만족하면서… 안식을 누립니다.

이런 것들은 반복할 필요가 없습니다.

15
직업과 소명

여러분의 일상적인 직업이 주님의 뜻과 상반되는 것은 아닙니다. 여러분의 직업이, 여러분이 주님의 뜻에 따라 자기를 포기하겠다고 하나님께 표했던 것에 위배되는 것도 아닙니다. 자기포기란 여러분의 일상적인 삶의 모든 활동을 포함하는 것입니다. 그것이 공부든, 독서든, 설교든, 직업이든, 사업이든, 혹은 그와 유사한 어떤 것이든지 간에… 여러분은 매일, 매 시간, 매 순간에 여러분의 삶에 찾아오는 일이 무엇이든, 순종해야 합니다. 여러분의 삶에 어떤 일이 일어나든지 그것은 주님의 뜻입니다. 여러분은 주님의 뜻에 따라 자기포기하기를 멈춘 것도 아니요 그의 임재를 떠난 것도 아닙니다.

만일 여러분이 주님으로부터 멀어진다면 - 만일 여러분이 기도로부터 멀어진다면 - 하나님께로 돌이켜, 그분의 임재로 돌아가십시오. 그리고 믿음을 새롭게 하고 그분의 뜻을 묵묵히 따르기를 새롭게 하십시오.

그러면 메마름은 어떻게 해야 할까요? 메마름은 선하고 거룩한 것이며, 이것은 하나님의 임재로부터 여러분을 빼앗아 갈 수 없습니다. 그러므로 메마름을 산란한 것이라 말하지 마십시오!

어떤 사람이 큰 도시로 여행을 떠나기로 작정했다면, 그가 내딛는 매 걸음은 자원에 의한 것입니다. 그는 "나는 그 큰 도시로 가고 싶습니다. 그 큰 도시로 가고 싶습니다"라고 말하며 다닐 필요가 없습니다. 그의 첫 걸음이 곧 그의 의도의 표시입니다. 그는 자신의 의도를 말하지 않고 여행을 떠날 수 있지만, 그것을 의도하지 않고는 여행이 시작될 수 없습니다.

저는 모든 그리스도인들이 믿음을 가지고 있고, 목적 지향적이며 외적인 기도를 훈련하는 모든 그리스도인들 또한 그렇다고 믿습니다. 그러나 내적인 길을 따라 순례하는 사람들의 믿음은 매우 다르다고 생각합니다. 그들의 믿음은 살아있는 믿음입니다. 그것은 상상이 아닙니다. 그것은 효과적이고 깨어있는 믿음으로써, 성령께서 우리 안에 있는 영혼에 깨달음을 줍니다. 그리고 인간의 영혼은 그의 마음이 하나님을 향해 집중될 때 더욱 강건해집니다.

우리의 집중하는 훈련에 비례하여 내적인 조명도 커질 것입니다.

16
두 종류의 영적인 사람

이 세상에는 서로 상반된 두 종류의 영적인 사람이 있습니다.

어떤 사람들은 항상 그리스도의 신비와 고통을 묵상해야 한다고 말합니다. 또 다른 극단의 사람들은 오직 참된 기도란 내적인 것으로, 고요와 침묵 속에서 드려져야 하고 하나님의 영광과 질내적인 주권에 집중하는 기도라고 말합니다.

주님을 바라보십시다. 그는 말씀하기를 "나는 곧 길이요, 진리요, 생명이라"고 하셨습니다. 그러므로 누구든지 주님의 임재로 나아오려면 구속자의 보배로운 피로 씻김을 받아야만 합니다. 그러므로 우리가 주님의 구속하심을 소홀히 대해서는 안 된다는 것이 분명해졌습니다. 그러나 우리는 자기 영혼 안에 살아있는 것에 대해서 배우게 된 신자에게 주님의 십자가의 고통과 죽으심을 항상 질문하고, 묵상하고, 생각해야 한다고 말해서도 안됩니다.

  외적인 기도가 자신을 풍성케 하고 유익하게 한다면 계속해서 외적인 기도를 따라가야 합니다. 그러나 마음속으로부터 더욱 갈급함을 느낄 때에는 내적인 길로의 순례가 고려되어야 할 것입니다. 외적인 기도에서 내면적인 기도로 우리를 인도할 수 있는 분은 오직 주님 한 분이십니다.

  바울 사도가 골로새 교회에 보낸 편지에서, 무엇을 하든지 말에나 일에나 다 예수 그리스도의 이름과 그를 위하여 하라(골로새서 3:17)고 권고한 것처럼, 우리에게도 동일하게 권고하고 있습니다. 하나님께서 저와 여러분으로 하여금 오직 그분 안에서, 또한 그분만을 힘입어, 주님을 가장 기쁘시게 하는 데까지 나아갈 수 있도록 허락해 주시기를 바랍니다.

17

세 종류의 침묵

침묵에는 세 종류가 있습니다. 말의 침묵, 욕망의 침묵, 생각의 침묵.

첫째는 완전합니다. 둘째는 좀더 완전합니다. 셋째는 가장 완전한 것입니다.

첫째로, 말의 침묵을 통해서 선을 이룰 수가 있습니다. 둘째로, 욕망의 침묵을 통해서는 고요함을 누리게 됩니다. 셋째로, 생각의 침묵…. 우리의 모든 감각들을 내적으로 집중시키는 이것이 바로 우리의 목표입니다. 생각의 침묵을 얻음은, 그리스도가 거하고 있는 여러분의 존재의 중심에 도달함과 같습니다.

말과 욕망을 버림으로, 또한 논리를 버림으로 우리는 내적인 길의 중심에 도달합니다 - 거기는 하나님께서 우리의 속

사람과 말씀을 나누는 곳입니다. 거기서 하나님은 우리의 영혼과 대화를 나누시고, 거기 우리 존재의 가장 깊은 곳에서, 그는 자신에 대해 가르쳐주십니다. 그분은 자신의 가장 신비롭고 감추어진 마음을 우리에게 말씀하시고자 그곳으로 우리를 인도하십니다. 만일 여러분의 내면에서 말씀하시는 하나님의 음성을 듣기 원한다면, 완전한 침묵을 통해서 그곳에 들어가야만 합니다.

이것은 세상을 등진다 해서 이룰 수 있는 것이 아닙니다. 또한 여러분의 욕망을 포기하는 것으로도 안됩니다. 아니요, 여러분이 모든 피조물을 포기한다 할지라도, 그것으로는 안됩니다!

그러면 무엇이 필요할까요?

안식은 이 세 가지 침묵 안에서만 발견되며… 또한 하나님께서 여러분과 대화를 나누시는 열린 문 앞에만 가능합니다. 그곳에서 주님은 여러분을 그분의 성품으로 변화시키는 것입니다.

여러분의 영혼의 변화는 하나님께 말하거나 혹은 하나님을 생각함으로 이루어지는 것이 아니라, 그분을 말할 수 없이 사랑함으로 가능합니다. 그러면 어떻게 그런 사랑을 가질 수가 있나요? 그것은 완전한 자기 포기와 이 세 가지 침묵에 의해서 입니다. 하나님의 사랑은 많은 말이 필요치 않습니다.

> 자녀들아 우리가 말과 혀로만 사랑하지 말고 오직 행함과
> 진실함으로 하자 (요한일서 3:18).

사랑스런 행동이나 부드러운 말, 또는 여러분이 주님을 무척 사랑한다고 고백하는 내적인 행위 같은 것들로 완전한 사랑이 이루어지지 않습니다. 이 모든 것들은, 여러분이 하나님을 알려고 노력하기보다는 아직까지도 여러분 자신을 찾고, 자기의 자아를 높이려 했다는 것을 보여주는 것일지도 모릅니다.

사랑은 훌륭한 대화 속에서 발견되는 것이 아니기 때문입니다.

여기에 많은 생각과 논리를 가지고 있는 사람이 있다고 합시다. 만일 그가 여러분에 대해서 알고자 한다면 여러분은 자신에 대해서 말로 설명해야 할 것입니다. 그러나 하나님께는 그럴 필요가 없습니다. 그분은 마음의 동기를 보십니다. 또한 그분에겐 여러분의 사랑을 확인시킬 말이 필요하지 않으며, 여러분 자신을 그분께 설명할 필요도 없습니다.

뿐만 아니라, 그분은 여러분의 입술로 드려지는 사랑에 만족하는 분도 아니십니다.

예를 들어, 여러분은 주님께 모든 열심과 열정을 가지고, 부드럽고 완벽하게, 그분을 사랑한다고 말할지도 모릅니다. 그러나 여러분이 조금만 상처를 받는 경우, 자신을 포기하고

주님을 향한 여러분의 사랑을 위하여 십자가로 나아가기보다는 오히려 모진 말을 내뱉습니다. 이러한 행동은 여러분의 사랑이 행함이 아닌 말에 있었다는 증거입니다.

그러므로, 여러분 주변의 모든 것에 대해서 자신을 포기하도록 노력하십시오. 이 세 가지 침묵으로 그렇게 하시기 바랍니다. 그렇게 하는 것이 곧 주님을 진심으로 사랑한다고 말하는 것이 됩니다. 말을 통해서가 아니라 더욱 완전한 사랑을 통해서 말입니다. 이것이 고요하고, 가장 효과적인 사랑입니다.

베드로는 주님을 위하여 자신의 생명까지도 내어놓을 준비가 되었다고 말했지만, 어린 하녀의 몇 마디의 말에 그의 열심은 끝이 났습니다. 다른 한편, 막달라 마리아는 주님께 한 마디도 하지 않았지만, 주님은 그녀를 보시고 "이 여자가 크게 사랑하였다"고 말씀하셨습니다. 믿음, 소망, 사랑의 가장 완전한 성품들이 훈련되어지는 곳은 내면인 것입니다. 여러분은 주님을 사랑하고, 주님 안에서 소망하고, 또한 믿는다고 말씀드릴 필요가 없습니다. 말하는 것은 아무 것도 아닙니다. 주님은 여러분의 마음속에서 일어나는 것들을 여러분 자신보다도 더 잘 알고 계십니다.

오, 주님! 당신은 우리의 가장 깊은 내면을 어찌 그토록 정확히 꿰뚫어 보시는지요. 그리고 외적인 사람과 내적인 사람도 어찌 그리 잘 구별하시는지요!

18
순종

 만일 여러분이 자신의 뜻에 따라 스스로를 다스리고자 한다면, 결코 내적인 평화라고 불리는 산을 정복하지 못할 것입니다. 여러분 영혼의 본성은 반드시 정복되어야 합니다. 여러분 자신의 방향과 판단과 반역의 기질은 복종되어야 하고 재로 분해되어야 합니다. 어떻게 해야 합니까? 오직 순종의 불 속에서 여러분은 자신이 참된 하나님의 사랑의 추종자인지, 아니면 자기 사랑의 추종자인지를 발견하게 될 것입니다. 거기서 여러분 자신의 가치관과 판단과 의지가 모두 불태워져야 합니다.

 어떤 하나님의 종은 이렇게 말씀했습니다.

 "여러분이 자신의 의지에 의해 셋째 하늘(삼층천)로 들려 올라가는 것보다 차라리 순종에 의해 거름을 모으는 자가 되는 것이 더 낫습니다."

오늘 날, 모든 사람들은 고위직의 높은 사람들에게 경배하고 또한 순종하기를 기뻐합니다. 그러나 만일 여러분이 내적인 길을 따르고자 한다면, 여러분보다 열등한 사람들에게도 순종하고 또한 존경해야 할 필요가 있습니다.

그러면, 진정한 순종이란 어떤 것일까요? 완전하게 되는 순종은 자원하는 것이며, 또한 순결하고 즐거움으로 하는 것입니다. 그러나 무엇보다도 순종은 내적인 것입니다. 또한 저는, 순종은 장님이 되어야만 하고 끝까지 인내하는 것이라고 덧붙이고 싶습니다.

순종하기를 두려움없이 자원하십시오. 두려움이 있을 경우, 절대 순종에 얽매여서는 안될 것입니다. 참된 순종은 개인적인 관심이나 자신의 유익을 위한 생각을 하지 않습니다. 참된 순종은 오직 하나님의 유익만을 위하여 하는 것입니다. 순종은 언제라도, 변명이나 지체함이 없이 따를 준비가 되어 있는 것입니다. 또한 순종은 내적인 원망 없이 즐거이 따르는 것이며, 외적인 순종은 진정한 순종이 아니기에 반드시 내적이라야 합니다.

순종은 반드시 마음에서 우러나와야 하고, 판단하려는 본성과 개인적인 판단은 제쳐놓아야 하므로 장님이 되어야 합니다.

여러분이 죄에 빠졌을 때 지나치게 고통스러워 말고, 자신의 넘어짐으로 인해 괴로워하지 말아야 합니다. 죄는 우리의 연약한 본성과 원죄의 결과입니다. 왜 놀라십니까? 여러분의 타고난 불행을 보았으니 이제 자신을 낮추십시오. 여러분이 자신의 욕망과 욕구를 따름으로 빠져버렸을 끝없는 죄로부터 여러분을 구해주신 하나님께 감사드리십시오.

이렇게 미끄러지기 쉬운 땅(우리의 본성)으로부터 찔레와 엉겅퀴와 가시 외에 무엇을 기대할 수가 있습니까? 우리들이 매 순간마다 셀 수 없이 많은 죄를 짓지 않는 것은 하나님의 자비로 인한 기적입니다. 여러분의 원수는 여러분이 죄를 범할 때에 찾아와서, 여러분이 하나님의 길에 잘 심겨지지 못하고 잘못된 길로 가고 있으며, 여러분이 진정으로 회개한 것이 아니며, 따라서 여러분 안에는 하나님이 계시지 않는다고 믿게 만들어버릴 것입니다.

만일 여러분이 반복해서 죄를 짓는다면 원수로부터 오는 비난의 소리도 더욱 커집니다. 그는 하나님을 향한 여러분의 추구는 헛된 것이며, 그런 것들은 아무런 소용이 없고, 여러분이 주님 앞에서 보낸 시간은 열매 없는 헛된 낭비였다고 속삭일 것입니다. 오, 그리스도인들이여! 여러분의 눈을 열어 원수의 악한 계교와 속임수에 스스로 속지 않도록 하십시오. 그는 절망과 거짓말과 악한 제안 등을 통해 여러분을 멸망시키려고 노력하고 있습니다. 이러한 논리들을 잘 점검해 보십시오. 그리고 이런 생각이 들더라도 무시해 버리십시오. 이런 마귀적인 고소들에 대하여 아예 문을 닫아버려야 합니다. 이런 때일수록 여러분의 타락한 본성의 불행을 인식하고, 자비의 하나님을 신뢰하시기 바랍니다. 그리고 만약 내일 다시 죄를 짓는다 해도, 여러분의 죄를 용서할 준비가 되어 있으시고 여러분을 어린아이처럼 감싸주시는 좋으신 하나님을 또다시 신뢰하시기 바랍니다.

만약 여러분이 내적인 길로 주님을 따르기로 작정한다면, 여러분은 반드시 '확신의 무기' - 하나님의 선하심을 확신하는 무기 - 를 사용해야 합니다. 여러분은 밤과 낮으로 이 무기를 사용해야 하고 특히 여러분이 넘어질 때는 더욱 이 무기를 사용해야 합니다. 자비하신 하나님과의 사랑스럽고 거룩한 대화야말로 여러분의 모든 죄와 불완전함 속에서도 반드시 훈련되어져야 하는 것입니다.

하나님께서 우리를 인도하시는 방법은, 그것이 이루어지기까지 어느 때에는 40년이란 세월이 흐르기도 하고, 어떤 때에는 순간적으로 이루어지기도 합니다. 따라서 이것은 하나의 비밀이라고 할 수 있습니다. 주님은 그가 행하시는 일을 우리에게 알려주시지 않으므로 이 비밀은 우리들로 하여금 겸손히 살아갈 것을 요구합니다. 그것이 40년이 걸리든 혹은 한 순간에 이루어지든 간에 우리를 죄로부터 해방시켜주는 것은 주님의 능력의 손에 달려 있습니다.

완전하게 되려는 것은 오히려 위험한 것일 수 있습니다. 그것은 완전한 것에도 악이, 선 안에도 악이 존재하기 때문입니다.

> 때로 우리는 약으로 상처를 만들기에, 그분은 우리 상처로 약을 만드십니다. 그리하여 선에 의해 상처받은 우리를 악을 통해 치료하십니다.

주님은 우리의 작은 실패들을 사용하셔서, 큰 죄들로부터 우리를 자유케 하시는 하나님의 위대하심을 알게 하십니다. 이것이 주님께서 우리로 겸손케 하고 방심치 않게 지켜주시는 방법입니다.

그리고 만일 여러분이 천 번의 죄를 범할지라도, 이러한 치료법 - 자비의 하나님에 대한 사랑의 확신 - 을 사용하시면 됩니다. 이것이야말로 여러분이 반드시 싸우고 정복해야 하는 비겁함과 헛된 논리들에 대한 최선의 무기인 것입니다.

19
내적인 영성과 외적인 영성

　세상에는 두 부류의 영적인 사람이 있습니다. 하나는 내적으로 영적인 사람이고 다른 하나는 외적으로 영적인 사람입니다. 외적으로 영적인 사람들은 논리에 의해서, 그들이 상상하는 것들에 의해서, 그리고 생각을 깊게 하면서 오랫동안의 사색을 통해 하나님을 찾습니다.

　그들은 선을 얻기 위해 고통을 감수합니다. 또한 그들은 하나님에 대해서 대화하기를 좋아합니다. 그들은 매우 열렬하게 사랑하는 것을 즐거워하고, 아주 능숙한 기도를 드립니다. 그들은 일을 행함으로 선을 얻고자 노력합니다. 그리고 그들은 위에서 언급한 것들을 행함으로만 하나님께서 그들과 가까이 하신다고 믿습니다.

　이것들은 무엇입니까?

그것은 초신자들의 방법입니다! 그런데 많은 신자들이 50년 이상을 외적으로 훈련해 왔음에도 여전히 하나님이 계심을 경험하지 못함을, 우리는 경험을 통해 압니다. 그들은 자신들로 가득 차 있고, 이름 외에는 참된 영적인 사람으로서의 증거를 갖고 있지 않습니다.

그러나 또 다른 영적인 사람들이 있습니다. 이들은 초신자의 단계를 지나서 내면의 길을 향해 걷고 있는 사람들입니다. 이런 신자들은 영혼의 깊은 곳으로 물러가 거기서 자신의 모든 것을 하나님의 손에 맡겨드립니다. 이들은 자신을 잊어버리고 스스로 모든 것을 버린 자들입니다. 물질뿐만 아니라, 자기 자신까지도!

그들은 얼굴과 영혼을 높이 들고 주님의 임재로 나아갑니다. 오직 믿음으로만 나아갑니다. 또한 그들은 하나님이 어떤 분일지 상상하거나, 그분에 대한 그림을 그리지 않고 나아갑니다. 그들은 주님을 향한 확신 - 고요함과 내면의 안식에서 발견되는 확신 - 으로 나아간 자들입니다. 그들은 모든 의식을 집중한 채 자신의 전 존재를 한 곳으로, 주님께로 모으고 나아간 것입니다.

여러분은 그들이 많은 고난을 통과했음을 그리고 그 모든 고난들은 하나님에 의해 허락된 것이기 때문에 그들에게 찾아온 것임을 확신해도 좋을 것입니다.

그들은 모든 것에 대해서 자신을 부인해왔습니다.

물론 그들이 아직도 유혹에 굴복하는 것이 사실입니다. 그러나 그 유혹과 고난을 통해 무한한 유익함을 얻어내는 자들입니다. 그들의 내면에서 싸워주시는 분은 곧 하나님이십니다.

그들에게는 그들을 너무 기쁘게 만들거나, 혹은 슬픔으로 가득차게 만드는 소식은 없습니다.

고난도 그들의 용기를 잃게 하지는 못합니다. 그러나 그들은 마음의 교제 가운데 안식하고 계시는 주님 앞에서는 거룩한 두려움을 가지고 있습니다.

외적으로 하나님을 찾는 자들은 항상 무슨 일을 행하고자 합니다. 외적인 금욕, 자신의 약한 부분을 고치려는 노력, 욕망과의 싸움, 영적인 지식이나 성경에 담겨있는 정보를 얻는 것 등과 같은 것들입니다. 그러니 우리가 하나님을 알기 위하여 노력하는 외적인 노력은, 그것이 무엇이든지 간에, 열매를 거의 또는 전혀 맺지 못할 것입니다. 우리는 스스로 아무 것도 할 수가 없습니다. 할 수 있는 것이라곤 불행하게 만드는 것 외에는 아무 것도 없습니다.

그러나 내적인 길은 어떤 것입니까? 내적인 길은 하나님의 임재 속에서 사랑스런 방법으로 자신의 전 존재를 집중시키는 것입니다. 바로 거기서, 주님은 역사하십니다! 선을 이루시는 분은 주님이십니다. 모든 욕망이 근절되는 것도 주님에 의해서입니다. 불완전한 것들이 멸절되는 것도 주님에 의해서입니다.

이제 자신의 영혼의 안식처로 들어간 신자는 그곳에서 갈등의 수고 없이 영으로 살아가는 것입니다. 그는 자신이 진실로 자유케 되었음을 발견하게 됩니다. 외적인 길에서는 결코 얻을 수가 없었던, 수많은 것들로부터의 자유를 누리는 것입니다.

주님을 따르는 자들이 자신의 불행과 연약함과 불완전함을 이해하게 되는 것은 성령이 조명시켜 주시는 빛에 의해서입니다. 그리고 자신이 진정으로 어떤 존재인가를 알고 그것을 미워합니다만, 그럼에도 불구하고 그는 주님 앞에서 거룩한 두려움으로 머물러 있습니다. 자아에 대하여 경멸하고 불신하나 하나님 안에서는 희망을 갖습니다.

우리가 진심으로 자신을 경멸하고 주님 앞에 겸손히 나아오면 나아올수록, 하나님께서는 우리를 더욱 더 기뻐하십니다. 영적인 사람은 자기 앞에 서 계시는 분에 대한 존경심과 경이로움으로 그분의 임재 가운데 서기 위하여 나아옵니다.

그리고 주님께 나아올 때에, 그는 자신이 겪고 있는 고통이나 자신이 행한 선한 일들에 대한 언급이나 생각을 지닌 채 주님의 임재 가운데로 나아오지 않습니다. 오히려 그는 깊은 내면으로, 하나님께로 가까이 다가가기 위해 지속적으로 훈련합니다. 거기서, 안식처의 중심에 계시는 주님 앞에서, 영적인 사람은 내적인 머무름이 하나님에 대한 말이나 혹은 하나님께 말씀드리는 것보다 더 중요하다는 것을 알고 있습니다. 그는 두려움과 사랑의 존경심을 가지고 영혼의 깊고 비밀한 중심으로 들어가 거기서 주님을 깊이 알게 되고, 주님의 영향을 받게 됩니다.

그러나 여러분은 이렇게 행복한 단계에 도달한 사람들이 매우 적다는 것을 알아야 합니다. 왜냐하면, 기꺼이 멸시를 받으려 하고, 우리의 내적인 부분들을 변화시키기 위한 정화의 고통을 감수하려 하며, 하나님을 찾는다는 자만심이나 겸손에서 오는 자만심, 혹은 앞으로 얻게 될 것들에 대한 자만심을 버리고, 주님 앞에서 겸손케 되려고 하는 자들이 지극히 적기 때문입니다.

아마도 많은 사람들, 아니 대부분의 신자들이 진정으로 하나님을 찾고 그분과 동행하기를 원할 것입니다. 그러나 대부분이 입구에서 벗어나지 못하고 있습니다. 왜냐하면, 소수의 신자들만이 기꺼이 죽으려 하기 때문입니다. 하나님의 놀라운 선물은 이렇게 죽으려는 의지 속에서 발견되는 것입니다.

✢ ❈ ✢

우리 자신에 대해 속지 않는 방법이 있습니다. 그것은 외적인 길과 내적인 길과의 차이점을 인식하는 것입니다. 이들의 차이점은 하나님의 임재에 있습니다. 믿음에 의해 경험케되는 하나님의 임재는, 여러분이 영혼의 중심으로 마음을 집중하고 주님 앞에서 기다림으로 들어갈 수 있습니다. 이것이 바로 외적인 사람과 내적인 사람의 차이점을 구별하는 방법입니다.

만일 여러분이 이제까지 제가 언급해온 삶을 하나님의 선하심이 가득하고, 악을 감당할 능력으로 넘치는 삶이라고 상상한다면, 여러분은 속고 있는 것입니다.

여러분은 하나님과 내적으로 동행하는 삶으로부터 얻어낼 무엇인가를 기대해서는 안됩니다.

여러분의 욕망은, 주님을 위해 여러분의 삶을 죽기까지 바치겠다는 것이어야 합니다. 주님의 가신 길은 결코 달콤하거나 부드럽지 않았습니다! 그리고 주님은 여러분이나 그 누구도 그러한 길로 초청하지 않았습니다.

> 아무든지 나를 따라오려거든 자기를 부인하고 날마다 제 십자가를 지고 나를 좇을 것이니라.

누구든지 주님과 연합하기를 원하는 사람은, 주님이 가신 고통의 길로 그분을 따라가야 합니다.

✤ ❖ ✤

만일 여러분이 하나님의 사랑의 달콤함을 맛보기 시작한다면, 이내 원수가 찾아와 여러분의 마음속에, 사막으로 가서 거기서 하나님 앞에 홀로 살고자 하는 열망으로 불타게 만들 것입니다. 원수가 여러분과 논중하면서 다음과 같이 속삭일 것에 주의하십시오. 거기서 아무 방해 없이 하나님 앞에서 살 수 있을 것이며 그 결과로 여러분은 기도의 기쁨을 지속적으로 누리게 될 것이라고 말입니다. 이것은 주님의 길을 아주 미성숙하게 이해했음을 보여줍니다. 또한 이것은 여러분이 그분의 임재 가운데 살면서 얻게 될 즐거움과 자극들을 위해 주님을 소유하기를 원했다는 사실을 보여주는 것입니다.

전세계에 흩어져 있는 많은 그리스도인들은 주님으로부터 놀라운 계시들과, 위대한 비전 그리고 고상한 정신적인 진리들을 받았습니다. 그러나 그들은 이 모든 것들을 통해서도 수많은 유혹들과 시험을 통과한 자들만이 가진 숨겨진 비밀에 대해서 깊이 이해하지 못합니다.

우리의 영혼이 주님의 뜻에 의해 굴복되어질 때 그것은 얼마나 엄청난 행운인지요!

업신여김을 당하는 것이 얼마나 영광스러운지요, 쓰러져 넘어지는 것이 얼마나 높아지는 것인지요, 공격당할 때에 얼마나 위로가 넘치는지요. 무지한 것처럼 보이는 것이 얼마나 고상한 지식인지요. 그리스도와 함께 십자가에 못 박히는 것이 모든 행복들 중에서도 얼마나 행복한 것인지요. 이것이 사도 바울이 가장 영광을 돌리고자 한 부분이었습니다.

> 나로 예수 그리스도의 십자가에서 구원받은 것에 대해서
> 영광을 올려 드리는 것을 금하지 마십시오.

다른 사람들로, 성공적인 신자들이 보여주는 풍성함과 거룩함과 즐거움과 영광스러움으로 영광을 돌리도록 하십시오. 그러나 우리에게는 거절당하고 멸시를 받으며 그리스도와 함께 십자가에 못 박히는 것보다 더 큰 영광이 없습니다.

너무도 비통한 사실은 믿는 자들 가운데에서 아주 소수의 사람들만이 영적인 즐거움을 멸시하려 한다는 것입니다! 지극히 소수의 사람들만이.

그리스도를 위하여 기꺼이 거절을 당하고자 하고, 사랑으로 주님의 십자가를 지고 가려는 사람들이 많지 않습니다.

많은 사람들이 내적인 길을 찾아 떠납니다. 그러나 확실한 것은 오직 소수의 사람들만이 이 길의 목적지에 도착한다는 것입니다. 왜냐하면 그 소수의 사람들만이 십자가를 지려고 하기 때문입니다. 즉 인내심과 일정함과 평강과 자기 포기로 십자가를 지려는 자가 많지 않다는 것입니다.

자아의 의지와는 반대되는 것들을 항상 따라가는 것은 소

수의 그리스도인들만이 할 수 있는 일입니다.

더 나아가서, 많은 사람들이 내적인 것들을 가르치지만 그것을 실제로 훈련하는 사람들은 적습니다.

이 길을 걷기 시작한 많은 신자들은 그들의 열정에 달콤함과 기쁨이 남아있는 한 매우 잘 인내할 것입니다. 그러나 주님의 임재의 기쁨이 사라지자마자 이런 사람들은 고통과 메마름과 유혹에 의해서 압도당하고 맙니다. 아마도 이 때에 대부분의 사람들이 돌아서게 됩니다.

여러분은 그 고통과 그 메마름과 그 유혹들이 하나님의 완전한 뜻이라는 산으로 높이 올라가는 길을 거치기 위해서 반드시 필요하다는 사실을 이해하십니까?

한때 열심이었던 신자들이 주춤거리고 결국 돌아섰다는 것은 그 동안 그들이 하나님을 위해서가 아니라, 자기 자신을 위해서 하나님에 관한 높은 것들과 깊은 것들을 찾고 있었음을 명백히 증거해 주는 것입니다.

만일 여러분이 내면의 길에 관하여 조명을 받았다면, 메마름 속에서도 한결같고, 유혹 속에서도 한결같으며, 고난 속에서도 한결같으십시오…. 그리고 되돌아 가지 마십시오.

자기 사랑에 의해 인도함을 받아서는 안됩니다.

이 괴물은 만일 우리가 평화로움 속에서 그 산의 정상에 오르고자 한다면 반드시 정복되어야만 합니다.

역시 기억해야 할 점은 이 괴물은 여러분과 가장 가까운 관계에 있는 사람을 통해 어디서든지 나타날 수 있다는 것입니다. 특별히, 여러분이 가족의 행복이나 불행에 대해 지나치게 집착한다면 더욱 자주 나타날 것입니다.

  때로는 여러분의 종교적인 지도자들을 기쁘게 하려다가 자기 사랑의 실수를 범하게 되고, 때로는 헛된 영광이나 하찮은 명예를 즐기려다 이런 실수를 하게 됩니다. 또한 영적인 즐거움에 애착을 갖고, 하나님의 은사를 받게 되었을 때, 결국 그런 것들에 매달리게 되기도 합니다! 이 모든 것들의 저변에는 개인적인 편안함과 좋은 대우를 받기 위한 욕망이 숨겨 있습니다. 이들은 자기 사랑에서 풍기는 것들입니다. 여러분이 평화의 보좌가 있는 그곳에 도달하기 원한다면 이러한 것들은 반드시 무너져야 할 것입니다.

20

영혼의 정화

 영혼을 깨끗케 하는 데는 두 가지 방법이 있습니다. 첫째는 불행과 고난, 걱정과 내적인 고통 등을 통해서이며, 둘째는 불타는 사랑, 즉 인내할 줄 모르는 갈급한 사랑의 불을 통해서입니다.

 빼도는 수님께서 우리의 영혼을 다루시기 위해 이 두 가지 방법을 모두 사용하시는 것이 사실입니다. 하나님에 대한 모든 계시와 통찰력과 모든 참된 경험적인 지식들을, 사랑의 가장 참된 증거인 고통을 통해서 얻게 됩니다.

 저는 여러분들이 고난으로부터 오는 가장 위대한 선에 대해서 이해할 수 있기를 바라고 소원합니다. 고난은 영혼을 깨끗케 합니다. 고난을 통한 영혼의 정화는 인내를 낳습니다.

 고난 속에서도 불타는 기도를 드릴 수 있습니다.

고난의 한 복판에서 우리는 사랑과 자비 같은 최고의 성품들을 훈련할 수 있습니다. 고난 속에서도 기뻐함은 우리를 하나님께로 가까이 인도해 줍니다. 고난은 자아를 전멸시키고 정화시킵니다. 세상의 것을 가져다가 천상의 것으로 변화시킵니다. 인간적인 것으로부터 신적인 것을 낳습니다. 신자들을 변화시켜 주님과 연합시킴으로 새로운 피조물이 되게 합니다.

그리스도인들이여! 만일 여러분이 고난의 불 속에서도 한결같고 고요할 수 있는 방법을 안다면, 고난의 물로 씻김을 받는 것이 어떤 것인지를 알기만 한다면, 여러분은 선하신 하나님께서 얼마나 빨리 여러분의 영혼에 그의 보좌를 지으시는지를 발견하게 될 것입니다. 거기서, 그 좋은 안식처에서, 하나님은 휴식하며 위로를 받으실 것입니다.

내적인 십자가와 외적인 십자가가 있다는 사실을 앎으로 여러분이 얻게 될 유익이 얼마나 큰지요! 또한 여러분에게 고난이 닥칠 때에도 한결같이 머무셔야 합니다. 고난의 기간이, 여러분에게 보이는 것처럼 그렇게 괴로운 것만은 아닐 수가 있습니다.

고난 속에서 속지 마십시오. 우리들의 전 생애 동안 하나님께서 우리를 고난 중에 내버려두실 때만큼, 우리로 하여금 하나님께 더 가까이 나아가게 하는 때는 없습니다. 태양이 구름

뒤에 가려있더라도 태양의 위치가 변한다거나 혹은 그 빛을 조금도 잃어버린 것은 아닙니다. 여러분의 내면이 주님의 임재로부터 고통스럽게 버림을 당하도록 허락하시는 것은, 여러분을 정화시키고 빛나게 하기 위해서, 또한 여러분을 깨끗케 하기 위해서, 뿐만 아니라 여러분의 자아를 멸하기 위해서입니다! 주께서 이렇게 행하시는 것은 여러분들로 하여금 개인적인 유익에 대한 생각을 버리고, 오히려 그분의 즐거움이 되기만을 구하면서 여러분의 전 존재를 주님께 맡길 수 있는 기회를 제공하기 위함입니다.

여러분은 심히 괴로워하고 애곡하고 울게 되겠지만, 여러분의 깊은 곳에 있는 가장 비밀스럽고 숨겨진 곳에 계신 주님께서는 말할 수 없이 기뻐하십니다.

21

하나님의 사랑

하나님의 사랑은 불같은 사랑입니다.

이 사랑은 신자들을 태우기도 하고 심지어는 고통까지 일으킵니다. 때로 사랑하는 분의 임재가 사라지면, 신자들에게 크게 악영향을 끼치게 됩니다.

신자들은 사랑하는 분께서 부르시는 내적인 음성을 듣습니다. 그것은 부드러운 속삭임과도 같은데, 사랑하는 주님이 거하신 가장 깊은 곳으로부터 나온 것입니다. 이것은 그가 거의 포기하려는 지점에 와서야 소유하게 되는 속삭임입니다. 그는 주께서 얼마나 가까이 계신지를 깨닫는 동시에 자기의 영혼 중 얼마나 많은 부분들이 아직도 주님에 의해 소유되지 못했는지도 깨닫게 됩니다.

이것은 그 신자를 도취시켜서 그의 안에 주님과 같이 변화되고자 하는 만족할 줄 모르는 갈망을 심어놓습니다. 그러므로 사랑을 다음처럼 표현할 수 있습니다. 하나님의 사랑은 죽음처럼 강한 것입니다. 죽음의 능력처럼 하나님의 사랑도 죽이는 능력이 있습니다.

✜ ✤ ✜

여러분이 추구하는 모든 것에서 하나님을 찾지 못한다면, 여러분은 아직도 완전에 이르려면 멀었다는 사실을 알아야 합니다.

진실하고 완전한 사랑은 십자가와 자기 부인으로 이루어집니다. 이 두 가지 요소는 온전히 자원하는 것입니다. 여러분의 삶에 찾아오는 모든 것을 자기포기로 겸손히 받아들인 뒤, 이것들을 여러분의 영혼과 연관시켜 본 후에, 여러분의 자아의 올바른 견해를 덧붙이는 것과 함께 이 두 가지 요소들은 여러분의 삶에 반드시 필요한 것입니다.

황량함이나 유혹의 때가 찾아오면, 즉시 영혼의 밀실로 들어가라고 여러분에게 강권하고 싶습니다. 거기서, 하나님을 바라보는 것 외에는 아무 것도 하지 마십시오. 참된 행복은 여러분 영혼의 깊은 곳에 있습니다. 거기서, 주님은 여러분에게 놀라운 것들을 보여주실 것입니다.

그 속에 우리 자신을 몰두시켜, 하나님의 한량없는 선하심의 바다 속에서 자신을 잃어버리고, 그곳에서 요동치 않고 확고히 머무르게 될 때에, 우리의 몫은 성취된 것입니다. 이제 우리는 그곳에서 우리가 존재하는 이유를 발견하게 됩니다.

겸손과 포기로 오직 하나님의 뜻을 성취하기 위하여 이 깊은 곳에 도달한 사람들에게 사랑의 성령께서는 달콤한, 생명을 부여하는 기능으로 모든 것을 가르쳐주십니다.

고귀함과 탁월함은 만족과 자기 포기를 통해 외적으로 뿐만 아니라 내적으로도 십자가의 고통을 감수할 수 있는 자들에게 주어지는 선물입니다.

완전하게 포기했다는 것은 무엇을 의미합니까? 그것은 신자가 은사로 불리는 것들과, 빛과 어두움으로 불리는 것들을 동일하게 치욕적으로 평가하면서, 오직 하나님 한 분과 더불어 살기로 결심하는 것을 뜻합니다. 그는 오직 하나님 안에서 살고자 하고 그분만을 위하여 살아갑니다.

자기 자아에 대해서 죽으려는 것 외에는 아무 다른 생각을 하지 않는 사람은 행복한 자입니다. 거기에는 원수에 대한 승리가 있습니다. 맞습니다. 또한 자아에 대한 승리도 있습니다. 그 승리 안에서 여러분은 진실되고 거짓이 없는 사랑과, 주님을 향한 완전한 평화를 발견하게 될 것입니다. 주님을 찾기 위하여 모든 것을 버린 사람은 모든 것을 영원히 소유하기 시작합니다.

행하는 것과 고통 당하는 것, 그리고 죽는 것 사이에는 큰 차이점이 있습니다. 행하는 것은 즐거운 것입니다. 그것은 주님 안에서 초신자에게 속한 것입니다. 고통을 당하는 것은 구도자들에게 속한 것입니다. 죽는 것 - 자아에 대한 죽음 - 은 그리스도 안에서 완전하게 되어가는 자들에게 속한 것입니다.

✣ ✣ ✣

기쁨과 내적인 평화는 성령의 열매입니다. 어떤 사람도 그의 영혼 깊은 곳에서 이들을 발견하지 않고는 또 하나님의 주권에 의해 자기의 삶에 찾아오는 모든 것들을 포기하지 않고는, 이 두 가지의 열매를 소유할 수가 없습니다.

침묵을 유지하면서 여러분의 대화가 내적인 대화가 되도록 하십시오. 어느 때에나, 어느 누구도 나쁘게 판단치 않음으로, 자아를 부인하고 십자가에 못 박으시기 바랍니다. 여러분의 이웃에 대한 의심은 정결한 여러분의 마음을 공격하는 것입니다. 모든 의심과 비판은 우리의 마음을 요동케 만듭니다. 그들은 신자들을 영적인 영역 밖으로 몰아내고 우리의 마음의 안식을 빼앗아 갑니다.

만일 여러분이 여러분에 대한 타인의 견해로 인해 고통받는다면, 혹은 여러분에 대해서 사람들이 말하는 것으로 자신의 작은 우상을 만든다면, 여러분은 하나님의 뜻에 결코 자신을 완전히 포기하지 못할 것입니다.

✤ ✢ ✤

내면의 길로 걸어가는 것(자신을 버리는 것)을 배우기 위하여 여러분이 할 수 있는 가장 좋은 방법 중의 하나는, 이성과 "적합한 논리"를 사람이 만들어낸 것으로 여기는 것입니다. 여러분이 행할 수 있는 가장 논리적인 행동은 바로 여러분의 수많은 논리를 버리는 것입니다. 하나님을 믿으십시오. 여러분의 삶에 닥치는 모든 아픔까지도 하나님께서 허락하셨음을 믿으시길 바랍니다. 그것이 사실이니까요. 그는 이 세상에 살고 있는 모든 인생들에게 고통을 허락하시는 분입니다. 그가 이것을 행하는 것은 우리로 겸손케 하기 위하여, 또한 우리의 본성의 어떤 부분들을 전멸시키기 위해서입니다. 또한 우리가 주님의 뜻에 완전히 복종하면서 살도록 하기 위하여 고통을 허락하시는 것입니다. 많은 기적들을 행하고 심지어는 죽은 자를 일으키는 기적을 행하는 자들보다도, 내적인 자기 포기로 살아가는 신자들에게 주님은 더 많은 관심을 갖고 계십니다.

✤ ✢ ✤

자기의 본성을 멸시하는 사람은 다른 사람에 의해 상처를 받거나 아픔을 당하지 않는다는 사실은 모든 진리 중에서도 실로 진실입니다. 어떤 것도 여러분을 방해하지 못하게 하십시오. 어떤 것도 여러분을 모욕하지 못하도록 하시기 바랍니다. 모든 것에는 반드시 끝이 올 것입니다. 그러나 오직 하나님 한 분만은 변함이 없으십니다. 여러분의 인내는 모든 것을 얻게 만들 것입니다. 하나님을 소유한 사람은 모든 것을 소유한 사람입니다. 하나님을 소유하지 못한 사람은 아무 것도 소유하지 못한 자입니다. 만일 여러분이 다른 사람들에 대해서 인내심이 없거나, 여러분의 동료에게 탓을 돌린다면, 여러분은 자기 자신이 얼마나 견디기 힘든 자인지를 깨닫지 못할 것입니다.

  여러분이 원한을 풀었을 때, 그것이 여러분의 선함을 증거하는 것이라고 생각한다면, 그것은 여러분의 간사한 수완에 불과합니다. 그렇게 선이 얻어진다고 해도 참으로 유치한 선입니다.

  왜 그런 줄 아십니까? 결국 여러분들이 이런 교훈을 가르쳐준 것입니다. 여러분은 영적인 격언들과 연관시켜서 생각합니다. 여러분은 언제나 모든 것을 성경과 연관시킵니다. 그러나 여러분의 잘못에 대해서는 결코 변화하려 하지 않습니다.

네, 맞습니다. 여러분은 자신에 관한 것들을 기꺼이 말하려고 하고, 다른 사람들 앞에서 여러분의 잘못을 밝히려고 하며, 다른 많은 인상적인 것들을 하려고 할 것입니다. 그러나 여러분의 마음속에서는, 자신의 잘못을 보는 것보다도 훨씬 더 많이, 자신을 정당화하고 있습니다. 이렇게 여러분 안에 있는 괴물은 자신을 높이기 위해 계속해서 여러분을 찾아오는 것입니다.

어쩌면 여러분은 "이 문제는 내 안의 어떤 잘못 때문이 아니라, 정의에 대한 나의 열심 때문"이라고 말할지도 모릅니다! 이것은 아직까지도 여러분 안에서는 자신이 선하고, 용기 있고, 변함이 없으며, 하나님의 사랑을 위해서는 목숨까지도 내어 드릴 수 있다고 믿고 있다는 것을 나타내주는 것입니다. 그러나 여러분에 대한 험담에 대해서는, 마음으로부터의 아무런 고통이나 요동함도 없이 듣는 것조차 힘들어 할 것입니다.

그리고 여러분은 대응을 하되, 오직 여러분의 내면으로만 할 것입니다. 이것은 무엇을 의미합니까? 이 모든 것들은 자기 사랑이라는 바쁜 엔진들이며, 이들은 여러분의 영혼의 자랑스런 비밀들이었던 것입니다.

이처럼 여러분 안에서 여러분을 다스리고 있는 자기 사랑은, 너무도 귀한 평화를 얻는 길에서 여러분의 가장 큰 방해물로서 서 있는 것입니다.

22
겸손

 겸손에도 두 종류가 있습니다. 하나는 거짓되고 위조된 겸손이요, 다른 하나는 참된 겸손입니다.

 거짓된 겸손은 겸손한 사람으로 보여지려고 모든 명예와 존경을 회피하는 자들에게 속한 것입니다. 그들은 늘 자신이 얼마나 악한 사람인지를 말하려고 합니다(그들은 자신이 선한 사람으로 보여지고 싶어서 이렇게 하는 것입니다). 그들은 마음속으로는 자기 자신이 얼마나 불행한 사람인지를 알지만 다른 사람들이 알까봐 그런 생각을 완강히 무시해 버립니다. 이것이 바로 거짓된 겸손이며, 이것은 사람들 안에 비밀스럽게 감추어진 자존심 외에는 아무 것도 아닙니다.

 그러나 참된 겸손도 있습니다. 참된 겸손은 결코 겸손에 대한 생각조차도 하지 않습니다. 이렇게 겸손한 사람들은 인내로 행하면서, 하나님 안에서 살기도 하고 또 죽기도 합니다. 그들은 자기 자신에 대해서는 관심이 없고, 또한 창조된 어떤 것들에도 관심을 갖지 않습니다. 그들은 훼방도 기쁨으로 감당하고, 멸시를 당하신 주님의 발자국을 따라가는 것 외에는 다른 욕망이 없습니다. 그들은 세상에 의해 좋게 생각되어지는 것에 관심을 갖지 않고, 오직 하나님께서 주신 것들로 만족합니다. 그들은 자신의 죄악으로 크게 요동하지는 않지만 부끄러움으로 정죄합니다.

그들을 괴롭게 만드는 상처가 없고, 또한 짜증나게 만드는 고통도 없으며, 어떤 성공도 그들을 교만하게 만들 수가 없습니다.

참된 겸손은 내적인 것이며 외적인 행위와는 아무런 상관이 없습니다. 가장 낮은 자리에 앉기, 침묵하기, 겸손한 옷차림, 복종하는 말, 어깨 움츠리기, 눈감기, 침묵, 죄에 대한 고백, 자신을 불행한 자로 부르는 것 등등. 하나님께서 이렇게 행하는 자들을 겸손한 자라고 인정한다고 생각하십니까? 오히려 이것들을 통해 우리는 자아의 본질이 진정으로 어떤 것인지를 이해할 수 있게 됩니다. 다시 말씀드리지만, 겸손이란 내적인 이해이며, 심오한 지식처럼 얻는 것이 아닙니다. 어떤 사람이 겸손한지를 믿을 수 있는 지각이란 없으며… 만일 천사라 할지라도 겸손을 나타내 보여줄 수가 없습니다.

겸손에 있어서 우리는 두 가지를 발견해야 합니다. 하나는 하나님의 위대하심이고 또 하나는 우리의 영혼에 속한 것으로서, 인간의 타락으로 인한 황폐함입니다. 이 깨달음은 너무 큰 것이어서 말로 다 표현할 수 없습니다. 이 계시로부터 하나님의 은혜 - 하나님의 참된 선하심으로 그 사람을 둘러싸고 있는 모든 즐거움을 가져가 버리시는 은혜 - 에 대해 조금 이해하게 됩니다.

✣ ❖ ✣

여러분은 사람들에 의해서 상처받을 수 없습니다. 또한 여러분은 마귀에 의해서도 상처받을 수 없습니다. 여러분은 오직 자기 자신에 의해서, 또한 여러분의 자존심에 의해서 그리고 여러분의 욕망의 폭력으로 인해서 상처를 받습니다. 여러분 자신이야말로 모든 것 중 가장 큰 적입니다.

높이 평가받으려는 욕망을 아예 버리는 것이 최선입니다. 성육신하신 하나님께서도 어리석은 자나 술주정뱅이, 귀신 들린 자로 불리셨던 것을 기억하시기 바랍니다. 우리는 그분을 따라가는 자들이 아닙니까! 그러나 우리는 아직까지도 행복을 즐기려고 하고 사람들로부터 인정받기를 원합니다. 우리는 다른 사람들이 인정해 주는 것에 개념치 말고, 모든 욕망을 버리고, 주님의 십자가를 깊이 이해하고, 그가 받았던 비난과 그분의 겸손함을 따라가야 할 것입니다!

진실한 겸손은 사람들의 마음속에 고요하게 내적으로 살아 있습니다. 겸손은 그곳에 머물며 안식하고 있는 것입니다. 만일 여러분이 이 문제에 있어서 조금이라도 진보했다고 생각한다면, 여러분은 전혀 겸손하지 못하다는 것을 알아야 합니다. 여러분은 아직 영적인 길로 한 발자국도 내딛지 못한 것일 수도 있습니다. 만일 여러분이 변명들로 피난처를 삼는다면, 그리고 만일 여러분이 대답이나, 변호, 또는 공격 등의 언어를 사용하려 한다면, 여러분 안에는 겸손한 마음이 없는 것입니다. 자신에 관해 말해진 것들에 대해서 대답하는 것은 자아가 통치하고 있는 비밀스런 자존심으로부터 나온 것입니다. 또한 자신을 변명하는 것은 자아의 무가치함에 대한 참된 이해가 부족한 것을 보여줍니다.

23
고독

 고독의 두 가지 종류에 대해서 말씀드리려고 합니다. 외적인 고독은 말을 전혀 하지 않는다거나 혹은 거의 말이 없는 것입니다.

 내적인 고독도 있습니다. 내적인 고독은 여러분 주변의 모든 것에 대해서 잊어버리고 그것들로부터 분리되며, 모든 목적과 욕망 그리고 생각과 의지를 굴복시킨 후에 주님 앞으로 오는 것입니다. 이것이 참된 고독입니다. 여러분은 이 고독이, 달콤한 안식과 내적인 평온함임을 그리고 우리 주님을 발견하는 것임을 알게 될 것입니다. 이러한 고독으로 주님 앞에 머물 수 있는 사람들은 많은 새로운 것들을 발견하게 될 것입니다.

 여기까지 이른 사람들은, 주님께서 그들의 내면에서 말씀하시고 자신과 더불어 대화를 나누시는 것을 발견하게 됩니다. 바로 그곳에서 주님은 믿는 자들에게 자기 자신을 부어주십니다…. 그것은 오직 그가 자신을 비우고 있기 때문에 채워주시는 것입니다. 또한 주님은 그가 벗었기 때문에 사랑과 빛으로 옷 입혀주시고, 그가 낮아졌기 때문에 지극히 높여주시며, 그가 홀로이기 때문에 그를 하나님과 연합하게 하여 변화시키는 것입니다.

저는 이렇게 하나님과 홀로 있는 모습을 영원한 기쁨의 모습으로 바라봅니다. 영생의 아버지를 영원히 바라보게 될 미래의 그 어느 날의 그림입니다.

✣ ❈ ✣

당신이 고독하게 부름 받은 이유는
당신은 그렇게 홀로 있는 존재이기 때문입니다.
당신을 사랑하고 당신을 알고
당신을 찾는 영혼을 찾을 수가 없습니다.

오, 내 주 하나님이시여,
어떻게 당신의 자녀들은 이 세상으로부터
위대한 영광의 곳으로 가려하지 않는지요?
이 영광을 피조된 것들에게 빼앗기면서,
어찌하여 이렇게 좋은 것들을 잃어버리는지요?

복 받은 영혼이여, 당신은 얼마나 행복할까요.

만일 당신이 하나님을 위해 모든 것을 버린다면 말입니다.
오직 그분만을 찾으십시오.
그분 외에는 아무 것도 바라지 마십시오.
오직 그분만을 사모하면서
아무 것도 바라지 않는다면,
그러면 이 세상의 어떤 것도
당신에게 고통을 주지 못할 것입니다.

✢ ❈ ✢

만일 여러분이 좋은 것을 원한다면 - 그것이 영적인 것일지도 모르지만, 여러분에게 비록 주어지지 않더라도 여러분의 고요함을 깨뜨리지 않는 방법으로 원하게 되기를 바랍니다.

✢ ❈ ✢

만일 여러분이 단순히 그리고 자유롭게 여러분의 영혼을 주님께 드리고자 한다면, 먼저 뒤로 물러나 모든 것으로부터 분리되어, 하나님 앞에서 홀로, 자유롭게 머무십시오. 그러면 여러분은 이 세상에서 가장 행복한 사람이 될 것입니다.

만일 여러분이 이러한 교제로 들어가기를 원한다면, 다른 모든 관심과 생각을 잊어버리고, 하나님의 사랑이 여러분의 영혼 안에 머물 수 있도록 자아를 벗어버리기 바랍니다.

여러분의 전 존재를 온전히 창조주께 드리시고, 그분께 대한 희생 제물로 여러분의 삶을 바치십시오. (영혼의 평화와 고요함으로 그렇게 하시기 바랍니다.)

여러분의 자아의 삶을 버리면 버릴수록, 하나님과 함께 하는 내적인 고독을 위한 더 많은 여유를 갖게 될 것입니다. 여러분이 여러분의 외적인 것들과 내적인 것들에 있어서 자신을 많이 비우면 비울수록, 여러분은 더욱 성령으로 충만하게 채워질 것입니다.

이제 주님께서 여러분을 내면의 중심으로 들어오라고 초청하시는 것이 보이지 않습니까? 그곳에서 주님은 여러분을 새롭게 하고, 변화시키며, 채워주시고, 입혀주시고, 더 나아가 새로운 천국을 보여주고자 하시는 것입니다.

24

그분 앞에 오기

여러분 존재의 가장 깊은 곳, 거기에는 지극히 고귀한 영역이 있습니다. 그 영역은 성령의 성전이 있는 곳으로, 하나님께서 머물기를 기뻐하시는 곳입니다. 하나님께서 자신이 창조하신 인간에게 스스로를 나타내 보여주시는 곳이 바로 그곳입니다. 모든 인간의 이해와 감각을 초월하는 방법으로 자신을 주시는 것입니다.

하나님이신 진리의 성령께서 인간의 영혼을 지배하시고 다스리시며, 자신의 빛으로 가르치시는 곳도 바로 여기입니다.

이 말에 오해가 없기를 바랍니다. 여러분의 영혼이 도달할 수 있는 가장 높은 곳에 하나님의 뜻이 있습니다. 이 단계의 삶은 사람들이 '기쁨'이라고 말할 때 일반적으로 생각하는 것들보다는 십자가, 인내, 고통 등으로 이루어져 있습니다.

✜ ❖ ✜

　이제 몇 가지 문제를 살펴보려고 합니다. 여러분은 어떻게 사람들의 시끄럽고 떠들썩한 소리를 들으면서 동시에 여러분의 내면에서 속삭이는 하나님의 음성을 들을 수 있습니까? 또한 여러분은 어떻게 복잡한 생각과 논리와 이성의 한 복판에서 성령의 음성을 듣습니까?

　내면의 가장 행복한 곳에 머무는 방법을 배우고자 나아온 사람들이 피해야 할 두 가지가 있다면, 첫째는 인간의 삶 속에 있는 자아의 부분들입니다. 여러분의 본성은 좀처럼 죽지 않으려 하고, 오히려 무엇인가를 행하는 것과 말하는 것을 좋아하는 특성이 있습니다. 우리들의 자아는 자신의 행위를 사랑스러워합니다.

　둘째로, 여러분의 영혼으로 하여금 하나님이 아닌 그 어떤 것들과도 밀착되는 것을 피해야 합니다. 여러분의 마음과 감정 그리고 의지, 이 모두가 하나님께로 고정되어야 할 필요가 있습니다.

　더 나아가서, 여러분이 하나님께로 나아올 때에는, 하나님 아닌 모든 것을 포기해야 합니다. 여러분은 이 세상에 대한 관심을 버려야 하고, 또한 여러분의 외부뿐만 아니라 내면에 있는 개인적인 관심도 버려야 합니다. 여러분이 주님 앞에 나아올 때는 오직 한가지에만 관심을 가져야 하는데, 그것은 곧

'하나님의 뜻'입니다. 여러분은 반드시 진실하고 완전한 그리고 절대적인 자기 포기로 여러분 자신을 하나님의 손에 맡겨 드린다는, 다시 말하면 하나님의 거룩하신 뜻에 온전히 복종하겠다는 기도를 계속해서 드려야 합니다. 하나님께로 나아오십시오…. 그리고 오직 그분의 즐거움으로만 여러분을 바쁘게 하십시오. 오직 주님의 소원에만 관심을 갖고 나아오시기 바랍니다. 온전한 자기 포기로 하나님을 기다리면서, 그분이 명하시는 것은 무엇이든지 받고자 하는 마음으로 나오시기 바랍니다.

이러한 것들은 오직 내적인 자아에 대한 내적인 죽음을 통해서, 그리고 여러분의 내적인 욕망과 소원이 죽음으로써만 성취할 수 있다는 사실을 깨닫기 바랍니다.

만일 주님께서 여러분의 삶에 진보를 허락하셨다면, 그 사실에 깊이 매이지 말고 또한 그런 생각이 여러분의 마음속에 감추어진 생각의 창고 속으로 들어가지 않도록 해야 할 것입니다. 그렇지 않으면, 그것은 오히려 여러분 안에서 행하시는 하나님의 사역에 큰 방해물로 전락할 것입니다. 주님이 여러분에게 행하시는 것이 무엇이든지 간에, 여러분은 그것에 대해 할 수 있는 한 개의치 않도록 노력하기 바랍니다.

25

영적인 즐거움을 주는 것들

　신자들은 두 가지 방법으로 주님과 신적인 사랑을 나누는 단계로 올라갈 수가 있습니다. 첫째 방법은 감각적인 즐거움에 의해서이며, 둘째 방법은 거룩한 욕망에 의해서입니다.

　첫째 방법은 부서지기가 쉽습니다. 이 방법에 속한 신자는 너무 약하기 때문에 외적으로 즐거움을 주는 사랑에 의지하여 그리스도와 결탁하려고 합니다. 주님과의 관계의 기반은 대부분, 그에게 즐거움을 주는 것들에 의존하고 있습니다. 만일 그러한 영적인 즐거움을 제거하게 된다면 그의 기반은 매우 불안정하여 흔들리게 될 것입니다. 그러나 천국은 여전히 이 용기없는 자에 의해 정복되지 않으며, 강포를 견뎌냅니다.

　둘째 방법은 좀더 천국에 가까워진 것으로, 세 단계로 나누어 말씀드리고자 합니다.

첫째 단계는, 믿는 자들이 성령으로 충만케 되어 이 세상의 것들을 미워하는 단계를 말합니다. 이 단계에 도달한 사람은 오직 하나님의 사랑으로 만족하고, 그분의 임재 안에서 고요하게 되는 것을 배우게 될 것입니다.

둘째 단계는 취함의 단계입니다. 이것은 믿는 자들이 감당할 수 있는 분량보다 위로부터 더 많이 받게 되는 때를 말합니다. 이 단계에 있는 사람들은 하나님의 사랑으로 가득 넘치게 될 것입니다.

셋째 단계는 안전의 단계입니다. 신자의 영혼으로부터 모든 두려움이 쫓겨가고, 그 빈자리에 하나님의 사랑이 채워집니다. 이제 그는 무엇이든지, 하나님을 기쁘시게 하는 명령에 복종하게 될 것입니다. 하나님의 뜻에 복종한다고 말씀드릴 때에 제가 의미하는 것은, 만일 어떤 사람이 가장 높으신 분의 뜻을 알게 되었다면, 그것이 지옥일지라도 마다하지 않고 가는 것을 말합니다. 이 단계에서는 사랑하는 주님과 분리되고, 그의 무한한 보화들로부터 분리되는 것이 불가능하다는 것을 깨닫게 됩니다.

26

내면의 길을 향하여

내면의 길을 향해 가는 다섯 단계에 대해서 말씀드리겠습니다.

첫째 단계는 계몽입니다. 이 단계에서는 신적인 사랑이 타오릅니다. 하나님을 향한 신적인 사랑은 인간적인 모든 것들을 메마르게 합니다.

둘째 단계는 내적인 기름 부으심입니다. 기름 같은 성령께서 신자의 영혼 속으로 흘러 들어가 그를 가르치시고, 강건케 하시고, 주님과 주님의 길에 대해서 깊은 이해를 갖도록 인도하십니다. 이 단계는 거룩하게 보이는 영적인 즐거움과 함께 올 것입니다.

셋째 단계는 내적인 사람, 영적인 사람의 성장입니다. 이 단계에서는 내적인 사람이 외적인 사람보다 더 강하게 자라기 시작함에 따라, 주님을 향한 참된 사랑의 맑은 샘물이 솟아오르게 될 것입니다.

넷째 단계는 조명입니다. 조명이란 사람 안에 거하는 인간의 영혼이 깨닫도록 하나님의 영으로부터 오는 것입니다.

마지막 단계는 평화입니다. 평온함. 모든 싸움들에 대한 승리가 내적으로 오는 것입니다. 그러므로 평화와 기쁨은 위대한 것입니다. 이 단계의 신자는 완전한 안식을 누리는 것처럼 보입니다. 마치, 하나님과 그분의 사랑스런 품에 안겨 살아가는 것처럼 말입니다.

이런 다섯 단계를 거치면서 우리는 솔로몬과 같은 단계로 올라가는 것입니다.

27
내적인 사람의 증거

내적인 사람들에게는 네 가지 증거가 있습니다.

첫째로 내적인 사람의 의지와 생각입니다. 의지가 강하게 훈련되었습니다. 때문에 하나님과 그의 목적에 관계된 것이나 혹은 하나님을 향한 것이 아니면 그 어떤 것과도 사랑의 관계를 맺지 않습니다.

둘째로 내적인 사람은 자신의 외적인 임무가 끝나면 재빨리 자신의 생각과 의지를 하나님을 향해서 돌아서게 합니다.

셋째로 만일 내적인 사람이 기도에 들어가면 다른 모든 것은 마치 한번도 본 적도 없거나 알지도 못하는 것처럼 잊어버립니다.

넷째로 내적인 사람은 한때 세상을 두려워한 적이 있으므로, 이제는 그가 세상을 두려워하는 만큼이나 자기 본성의 외적인 것들을 두려워합니다. 그러므로 그는 세상뿐만 아니라 외적인 것들도 피합니다. 단, 사랑이 외적으로 수행되어야 할 경우는 예외입니다.

마지막으로 내적인 사람은 자기 존재의 가장 깊은 곳(자기의 영혼 안)에 머물고 있으면서, 결코 깨어질 수 없는 평화 속에서 살아갑니다. 물론 외적인 싸움들이 있을지도 모르지만, 그가 누리는 평화는 결코 깨어지지 않습니다. 그가 평화롭게 거하고 있는 내면과 사나운 비바람이 치고 있는 외부와의 사이에는 무한한 거리가 있기 때문에, 외부의 것들이 쉽게 이 거룩한 곳에 도달할 수 없습니다. 때로는 이들이 버림을 당하고, 공격을 받고, 황폐한 곳에 버려진 것을 발견할 수도 있겠지만, 그러한 폭풍우는 밖에서만 위협적입니다. 그것은 내면에 머물고 있는 자들에게는 아무런 힘도 행사할 수가 없습니다.

28

내적인 사랑의 네 가지 관점

신자들이 주님을 향해 그리고 주님께서 그들을 향해 가지는 비밀과 내적인 사랑의 관점에는 네 가지가 있습니다.

첫째는 성령의 조명으로, 하나님의 위대하심에 대한 경험적인 지식과 인간의 무가치함에 대한 경험적인 지식을 말합니다.

둘째는 불타는 사랑으로, 신적인 사랑으로 소멸되기를 원하는 것입니다.

셋째는 평화스럽고 기쁜 안식입니다.

넷째는 주님의 능력이 내적으로 채워지는 것을 말합니다. 믿는 자들은 성령으로 끊임없이 채워지고 충만해집니다. 그들은 위대하고 절대적인 선이신 하나님 한 분 외에는 어떤 것도 찾거나, 갈망하거나, 뜻하지 않습니다.

우리는 이러한 내적인 사랑의 네 가지 관점으로부터 다시 두 가지의 결론을 얻을 수가 있습니다.

첫째는, 하나님을 위하여 기꺼이 고통을 받고자 하는 큰 용기입니다. 둘째는, 하나님을 결코 잃어버릴 수가 없고, 외적인 증거가 있든지 없든지 간에 그분으로부터 분리될 수 없다는 소망, 즉 확신입니다.

✢ ✢ ✢

예수 그리스도는 믿는 자들의 영혼 가장 깊은 곳에 자신의 낙원을 가지고 있습니다. 여러분이 아직 이 세상에서 일상적인 삶을 살아가는 동안은, 그분께로 나아가야 합니다. 만일 여러분이 예수 그리스도가 누구인지 진심으로 알기를 원하고, 만일 여러분이 하나님을 향해 한마음으로 집중하여 바라본다면, 여러분이 어떤 역경이나 영혼의 황폐함에 놓였다 할지라도, 혹은 여러분의 삶에 어떤 것, 아니면 모든 것이 다 부족한 가운데 있을지라도, 그럼에도 불구하고 여러분 안에 있는 어떤 것이 여러분을 강건하고 흔들리지 않게 세워줄 것입니다.

언제나 한결같이 내적인 사람은 외적으로는 모든 것을 빼앗긴 자이지만, 내적으로는 하나님 안에 완전히 동화된 자입니다.

✜ ❖ ✜

 과학적인 정보나 이론적인 설명과 논리 같은 것들은 얻어지는 것들입니다. 여러분은 그런 것들을 자연에 관한 지식이라고 말할지 모릅니다. 반대로 하나님의 지혜는 위로부터 우리 안에 부어지는 것입니다. 그리고 이 부어진 지혜를 통해서 우리는 주님에 관한 지식을 얻습니다. 즉 첫째, 논리란 무엇을 얻고 무엇을 얻지 말아야 하는지 혹은 어떻게 고통과 노력을 피할 수 있는지 등을 알기를 원하는 것입니다. 둘째로, 하나님과 그의 길에 대해서 내적으로 알고자 하는 욕구는, 그것이 무엇을 알고 있는지 조차도 알기를 원치 않는다는 것이 특징입니다. 그러나 거기에는 아주 깊이 이해할 수 있는 지각이 있습니다. 과학적인 사람 - 외적인 사람 - 은 이 세상의 것들에 관한 지식으로 자신을 기쁘게 하고자 합니다. 그러나 진실로 현명한 사람은 하나님 안에서 동화되어 살아갑니다.
 하나님의 지혜를 붙들고 살아가는 사람은 인생에서 자기 위치를 아주 분명하게 깨닫고 살아갑니다. 그는 물질적인 것들과 심지어는 자기에게 속한 것들도 잘 알고 있습니다. 이것이 바로 그들을 단순하게 만드는 이유입니다. 그들은 조명을 받을 뿐만 아니라, 전체적으로 그리고 내적으로 균형을 이루며 살아갑니다.

지혜로 말미암아 모든 선한 것들이 내게로 왔습니다

(잠언 7:11).

대부분의 사람들은 자기의 의견과 판단대로 살아갑니다. 그들은 참된 것들과 거짓된 것들을 눈여겨보고 있습니다. 많은 것들이 그들의 마음과 상상 속을 오갑니다. 그들은 자신의 감각에 관심을 갖습니다. 그러나 참된 지혜를 가진 사람은 자신 안에 존재하는 내적인 진리에 의해서 판단합니다. 지혜로운 사람은 말은 적게 하지만 행함에는 충실합니다.

영적인 진리에 대한 이해는 실제로 대부분의 사람들에게, 신학을 배운 자들에게도 감추어져 있고 닫혀져 있습니다.

왜냐하면, 그들의 진리는 학문적인 지식입니다. 그러나 성도들에게도 과학이 있습니다. 이 과학은 마음으로부터 사랑하는 자들과 자기 본성을 버리고자 노력하는 자들에게만 알려져 있습니다. 많은 학문과 정보를 지니고는 있지만 영혼의 내적인 것에 관한 경험이 부족한 사람들의 설교와 메시지 - 이런 사람들은 많은 이야기를 만들어낼 수가 있고, 멋지게 해석하기도 하며, 날카로운 강연과 복잡한 논문을 쓸 수 있습니다 - 는 그것들이 대부분 성경에 기초를 두고 있는 것처럼 보일지라도, 그것이 우리에게 주는 것은 하나님의 말씀을 포함하고 있지 않은 것입니다. 그것은 거짓 금으로 속이는 사람의 말입니다. 그런 사람들은 실제로 그리스도인들에게 허튼 말과 허영으로 말씀을 먹임으로 그들을 멸망시키고 있습니다. 그 결과 선생과 가르침을 받는 사람 모두가 하나님을 소유하지 못하고 있는 것입니다.

이런 선생들은 청중들에게 메마른 허튼 소리와 빵 대신에 돌을, 과일 대신에 잎사귀를, 그리고 유독한 꿀과 섞인 맛없는 흙을 먹이는 자들입니다. 이들은 명예를 추구하고, 명성과 박수라는 우상을 스스로 만들고 있는 자들입니다. 그들은 하나님의 영광이나 그들 안에 있는 영적인 집을 찾으려고 하지 않습니다. 신실함으로 설교하는 자들은 하나님을 위하여 말씀을 선포합니다. 그러나 신실함이 없이 설교하는 자들은 자기 자신을 위하여 설교하는 것입니다. 하나님의 말씀을 설교하는 자들은 동시에 그들 내면의 가장 깊은 곳에서 영으로 살아가는 자들이며, 이들은 하나님의 말씀으로 청중의 마음속까지 감동을 주는 자들입니다. 그렇지 못한 자들의 설교는 청중의 귀에만 감동을 줄 뿐 더 깊이 들어가지 못합니다.

✣ ✣ ✣

다음은 항상 진리로 남을 격언입니다. 진실로 살아계신 하나님을 알고자 하면 겸손을 낳습니다. 그러나 학문과 정보와 사색과 이론과 신학 및 성경을 배워서 지식을 얻으려고 한다면 자만심을 낳습니다.

여러분은 어떤 사람이 하나님과 그의 속성에 관해서 많이 안다고 해서 그 사람을 거룩하다고 말하지 않습니다.

개인적으로 많이 손해를 보고 자기 부인 속에서 하나님의 사랑을 선포하는 사람들을 찾아보십시오. 하나님의 것들에 관해서는 많이 알고 있지만 하나님 자신에 대해서는 거의 알지 못하는 사람들 속에서보다는, 단순하고 겸손한 사람들 속에서 그런 사람들이 훨씬 많음을 볼 수 있습니다.

✤ ✤ ✤

작은 마을에 살며, 이 세상의 정보에는 어둡지만, 하나님의 사랑에는 풍성한 사람들이 얼마나 많습니까? 얼마나 많은 신학자들과 사역자들이 헛된 지혜에는 몰두하면서 진리의 빛에 대해서는 무지합니까!

저는 여러분들이 항상 배우는 자로서 말하기를 원하고, 이미 알고 있는 자처럼 말하지 않기를 권면합니다. 여러분은 무지한 자로 알려지는 것을 부끄러워해서는 안되며, 오히려 큰 영광으로 생각하시기 바랍니다.

성경적인 지식과 신학을 배운 사람들임에도 불구하고, 하나님의 참된 깊이에 대해 약간의 통찰력을 갖게 되었을 때, 그것이 자연적인 지식에 대해서 완전히 죽은 것도 아니고 그렇다고 완전히 하나님의 지혜도 아닌 혼합체가 되어버린다는 것입니다.

 불행한 것은 이런 자연적인 것과 하나님 것과의 혼합체는 하나님의 지혜를 순수하고, 단순하게 그리고 참되게 조명하는 데 가장 큰 방해물이 된다는 점입니다.

29

내적인 발견

　우리로 하여금 하나님을 아는 지식으로 인도해 주는 것에 대해 두 가지로 말씀드리고자 합니다. 하나는 멀리 있고 다른 하나는 가까이 있습니다. 처음 것은 사색입니다. 다른 하나는 내적인 발견입니다.

　하나님의 길에 대하여 많은 지식과 정보를 찾는 자들은 실제로는 자기의 이성을 만족시키고자 노력하는 것이고, 영적이지 않은 것들에 의해서 하나님께 도달하려는 것입니다. 그러나 이런 방법으로는 하나님을 진실하게 그리고 열정적으로 사랑할 수가 없습니다. 하나님에 관한 정보를 습득함으로써, 또한 성경에 관한 지식을 얻음으로써 하나님을 찾고자 노력하는 자들은 말 그대로 학자 외에는 아무 것도 아닙니다. 그들은 보이지 않는 영역을 알지 못하고 하나님의 감추어진 비밀들은 오직 영혼 안에서만 발견되어짐을 깨닫지 못합니다. 뿐만 아니라 그들은 믿는 자들의 가장 깊은 곳에 머물고 있는 기쁨으로 인해 감동을 받은 적이 없는 자들입니다. 그곳은 하나님께서 자신의 보좌를 지으시고 그곳으로 나아와 하나님과 연합하는 자들과 함께 대화를 나누시고 있는 곳입니다.

믿을 수 없는 사실이지만, 이러한 개념을 정죄하는 사람들도 있습니다.

왜냐하면 그들은 이 길을 이해하지 못하고 또한 원하지도 않기 때문입니다. 주님을 내적으로 발견하지 못한 신학자는, 바울이 말한 것과 같은 그 문으로 들어가려고 노력하지 않기 때문에 그 길을 놓치고 있는 것입니다.

> 만일 이 세상에 있는 사람들 가운데 자기가 지혜롭다고 생각하는 자가 있다면 그로 하여금 어리석은 자가 되도록 하십시오. 그러면 그가 지혜롭게 될지도 모릅니다.

"훈련은 이론보다 앞서 붙들어야 한다"라는 말은 내적인 길을 따르는 사람들 가운데 자주 사용되는 격언입니다.

이것은, 단순히 지식의 탐구를 시작하기 전에 그리고 그런 문제에 관한 많은 조사를 하기 전에, 참된 방법으로 주님을 만나는 경험적인 훈련이 있어야 한다는 것을 의미합니다.

그렇다면 이런 질문이 남습니다. 지식인들과 신학자들 그리고 이성적인 사람들도 내면의 길을 배울 수 있는 희망이 있느냐는 것입니다. 물론입니다. 만일 그들이 자신을 의지하지 않고, 자신의 복잡하고 방대한 지식을 의존하여 미리 가치 기준을 고정시켜 놓지 않는다면 말입니다! 그들은 자신의 지식을 의지하지 말고 잊어버려야 하며, 더욱이 그들이 추구하는 내면의 길에서는 결코 이런 지식을 사용하지 말아야 할 것입니다. 오히려 그들은 이런 경험이 어떤 것이어야 하는지, 어떻게 행해져야 하는지, 혹은 마음속에 떠오르는 영상들이나 영적인 모험으로부터 제안될 수 있는 이론 등에 관한 수많은 자기의 생각들을 버리고, 오직 주님의 임재 안에 있기를 구하고, 그분의 얼굴만 바라보는 단순하고 순결한 일에 마음을 쏟아 부어야 할 것입니다.

어떤 학문도, 어떤 추구도, 어떤 지식의 습득일지라도 주님을 알려고 하는 목적이 아니면 우리를 지옥으로 인도하는 지름길입니다. 그것은 절대로 학문의 연구, 그 자체가 잘못된 것이기 때문이 아님을 강조하고 싶습니다. 단지 학문의 연구가 낳는 헛된 자만심 때문입니다. 오늘날의 많은 신학자들과 지식인들은 불행합니다. 왜냐하면, 그들은 인간 본성의 끝없는 호기심을 만족시키기 위하여 연구하기 때문입니다. 그렇다면, 이방의 철학자들도 이들과 다를 바 없지 않습니까!

많은 사람들이 하나님을 찾지만 그분을 발견하지는 못합니다. 왜냐하면, 그들이 하나님을 찾는 동기가 신실하고, 깨끗하고, 정직한 의도 - 하나님 안에서 자신을 잃어버리려는 의도 - 에서 나온 것이 아니라, 자신의 호기심을 만족시키기 위한 것이기 때문입니다. 그들은 하나님 자신보다는 오히려 영적인 위로를 더 사모합니다. 그들은 진리와 함께 또는 진리를 위하여 하나님을 찾지 않기 때문에 하나님도, 영적인 즐거움도 발견하지 못합니다.

자기 포기의 의지로 하나님을 찾지 않는다면 하나님을 발견할 수도 없을 뿐만 아니라, 진리도, 성령의 조명하는 빛도 얻을 수가 없습니다.

이 세상에는 말하는 것보다 듣는 것에 더 높은 가치를 두는 사람들이 매우 드뭅니다.

자기의 영혼 안에 있는 하나님의 지혜를 가진 자들은 주님에 의해서 사랑으로 충만해진 사람들입니다. 주님은 자기의 내면의 빛에 복종하는 사람들을 계몽해 주시고, 강건함으로 다스리십니다. 하나님이 거하시는 그곳에는 언제나 단순함과 거룩한 자유가 있습니다. 그러나 교활하고, 이중적이고, 속이고, 농간을 부리고, 음흉하게 세상적인 것들을 맹종하는 것은⋯ 적어도 지혜로운 사람들에게는, 그 자체가 지옥인 것입니다!

30

포기해야 할 것들

주님과 함께 더 깊은 곳으로 동행하기를 원하는 자들은 반드시 다음의 네 가지를 포기해야 하고 또한 이들에게서 분리되어야 합니다.

1. 피조물들
2. 현세적인 것들
3. 성령의 은사들
4. 자아

마지막으로, 하나님 안에서 자신을 잃어버리는 것입니다.

마지막 다섯번째 항목은 이 모든 것 중에 가장 완전한 것입니다. 어떻게 분리되어야 하는지를 아는 자만이 하나님 안에서 자신을 잃어버리는 단계에 도달할 수 있습니다.

하나님께서는 세상적인 과학과 생각을 가진 자보다 마음에 애정이 있는 자를 더 만족하게 여기십니다. 대부분의 사람들이 마음을 닫고 있거나 그것을 더럽히고 있는데, 그 중에 정결케 된 마음을 보기란 천 명 중에 한 명 꼴로 어렵습니다.

우리가 하나님의 지혜를 얻고자 하는 주된 이유는 바로 마음의 정결함을 얻는 데 있습니다.

✠ ✣ ✠

만일 여러분이 확고하게 - 특히 하나님께서 여러분을 정화시키는 그 때에도 확고하게 - 서 있지 않는다면, 여러분은 제가 이제까지 말씀드려온 내면의 길에 결코 도달할 수가 없을 것입니다. 하나님은 여러분과 밀착되어 있는 현세적이고 자연적인 것들 때문에 여러분을 정화시키지만, 그뿐만 아니라, 그분의 놀라운 복과 보이지 않는 영역(영혼)과 관련된 것들을 알기 원하는 여러분의 욕망 때문에라도, 여러분을 정화시킬 것입니다. 왜냐하면 여러분의 자아는 때로 이런 것들로 인해 스스로를 격려하고 자라게 하기 때문입니다.

✠ ✣ ✠

왜, 어떤 사람들은 이 책에서 논의된 모든 것들과, 아니 그보다 더 많은 것들까지도 다 행했지만 아직까지도 하나님과의 만남이라는 경험적인 지식을 얻지 못할까요? 그것은 그들이 온전히 복종하는 자에게 빛을 주시는 하나님께 자신을 완전히 그리고 온전히 복종시키고 굴복시키지 않았기 때문입니다. 또한 그들은 자기를 부인하지도 않았고 또한 자기의 자아가 하나님께 정복되는 것도 허락지 않았을 것입니다. 뿐만 아니라 그들은 자신의 관심을 온전히 버리지 않음으로, 자신을 온전히 하나님께 드리지 않았기 때문입니다.

　마지막으로, 신자로서 우리 가운데 그 누구도 내적인 고통의 불 속이 아니고는 정화될 수가 없다는 것입니다.

31
하나님인가, 세상인가

자아의 상실을 위한 모든 근거는 두 가지의 원칙에 기초하고 있습니다. 첫째 원칙은 여러분 자신과 세상의 것들을 아주 멸시하는 것입니다. 이것은 자아의 부인을 의미하며, 거룩한 결단과 능력으로 모든 피조물들을 포기하는 것을 의미합니다.

둘째 원칙은 하나님을 무한히 높여 드리는 것입니다. 그분을 높여 드리는 것은 여러분들로 개인적인 관심 - 그 관심이 매우 거룩한 것일지라도 - 에 대한 생각을 버리고, 그분을 사랑하고 사모하며 따르게 만듭니다.

이 두 가지 원칙으로부터 점차적으로 하나님의 뜻과 조화를 이루는 것들이 나오게 될 것입니다. 모든 것에 있어서 하나님의 뜻에 실제적으로 일치시키는 것은, 신자로 모든 자아의 활동을 멈추도록 하여 하나님의 뜻과 조화를 이루게 합니다.

우리는 절대로 영적인 즐거움들에 정착해서는 안됩니다. 심지어는 보이지 않는 영역에서 발견되는 영적인 즐거움일지라도 말입니다. 그리고 감정이나 애정 등에 정착되어서는 더욱 안 될 것입니다. 만일 그것들을 허락한다면, 그 길은 많은 환상과 환멸감으로 가득 차 있을 것입니다.

여러분이 가야 할 합당한 길에는 아주 무거운 십자가를 지고 가는 것이 포함되어 있습니다. 이 길은 여러분을 자기 부인이라는 아주 귀한 고속도로로 인도해 줄 것입니다.

여러분은 여러분의 명예와 위엄과 칭찬들일지라도 반드시 다루어져야 하고 처리되어야 할 것들임을 이해하십니까? 이런 것들이 여러분의 삶에서 차지하는 위치는 어디입니까? 여러분은 오로지 주님만을 위한 삶을 위하여, 명예와 칭찬들과 함께 하려는 유혹의 삶과 싸우고 있습니까?

✜ ❈ ✜

많은 신자들이 주님께서 그들의 삶에 더 깊이 사역하는 것을 방해하는 것은 왜일까요? 그것은 그들에게는 무엇인가를 성취하고자 하고 또한 위대하게 되려는 욕망이 있기 때문입니다. 이런 이유로 여러분은 많은 신자들이 자신이 아무 것도 아닌 존재가 되는 곳으로부터 빠져 나오려고 성령의 은사들에 애착을 갖는 것을 발견할 것입니다. 그리하여 주님께서 그들의 삶에 행하신 모든 일들을 망쳐버립니다. 그들은 주님을 구하지 않기 때문에 그분을 발견하지 못하는 것입니다. 우리는 주님만이 모든 것이 되시는 곳에서, 우리는 아무 것도 아닌 그곳에서만 주님을 발견할 수 있습니다.

어떤 사람이 자신이 아무 것도 아닌 무가치한 존재라는 것을 깨달을 때, 그를 요동시킬 수 있는 것은 아무 것도 없습니다. 자신이 아무 것도 아니라는 사실을 아는 사람은 다른 사람으로부터 온 상처나 고통을 잘 감당할 수 있습니다. 그런 사람은 다른 사람들의 잘못을 보지 않으며, 오직 자신의 실수만을 봅니다. 그는 수많은 모든 불완전함들로부터 자신을 자유케 합니다. 우리가 자신을 무가치한 존재로 보는 한, 주님은 우리의 내적인 존재 안에 주님의 형상이 이루어지도록 계속해서 일하실 수 있습니다.

✢ ❈ ✢

평안으로 들어간 자들은, 자신이 하나님으로 충만해져 있고 하나님의 한 부분인 모든 초자연적인 것들로 충만해져 있음을 압니다. 그는 참된 사랑에 기반을 두고, 즐거움을 주는 것이 되었든 아픔을 주는 것이 되었든, 동일하게 받아들입니다. 그는 평화 속에서, 빛으로 오는 것이든 혹은 어두움으로 오는 것이든, 밤이든 낮이든, 혹은 역경 가운데 있든지 아니면 편안한 가운데 있든지, 그를 찾아오는 것은 무엇이든지 받아들입니다. 그는 거룩하게 천국과 다름없는 삶을 살아갑니다. 그는 역경 속에서도 결코 평화를 잃지 않고 또한 고난 가운데서도 평온함을 잃지 않으며, 그저 단순히 모든 것에 만족하며 살아갑니다.

악한 어두움의 왕자가 그를 향해 공격을 가할 것입니다만 그는 크게 영향을 받지 않을 것이고, 강건하게 서 있을 것입니다. 그의 앞에 놓인 높은 산도, 깊은 골짜기도 그는 동일하게 간주할 것입니다.

우리의 외적인 존재라는 깊은 골짜기에는 고통과 어두움과 쓸쓸함이 가득 차 있습니다. 우리의 깊은 내면의 존재라는 높은 산의 정상에서는 찬란한 태양이 그의 빛을 발하여 우리를 불타게 만들고 또한 환히 조명해 주고 있습니다. 그리고 거기에서 우리는 투명하고, 평화롭고, 눈부신 평온함을 유지하게 됩니다.

제가 말씀드린 이곳은 풍성한 그러나 감추어진 보화와 같습니다. 그것은 잃어버린 진주인 것입니다.

  당신의 겉을 바라보면 보잘 것 없지만,
  그러나 내면을 보면 당신은 부한 자입니다.

당신은 낮은 자처럼 보이나,
그러나 당신은 말할 수 없이 높은 자입니다.
당신은 사람들로 여기 이 지상에서,
하나님의 생명으로 살도록 만들어주십니다.
오, 가장 존귀하신 주님이시여, 제게도 주시옵소서,
제게도 이 천국의 행복을 풍성하게 주시옵소서.
그리고 이 세상의 지각으로는
이해할 수도 없고, 받을 수도 없는
참된 평화를 주시옵소서.

기도문

 오, 위대하신 하나님! 당신의 임재로 천국의 기둥들이 진동하고 흔들립니다. 당신의 무한하심은 끝이 없고, 당신의 사랑에 천사도 불타게 될지 모릅니다. 오, 주님이시여, 저로 우리의 보지 못함과 은혜를 알지 못함으로 인해 애통할 수 있도록 허락하시옵소서. 우리는 모두가, 하나님이신 당신을 저버리고 이 어리석은 세상을 따르도록 속아서 살아왔습니다. 우리는 모두 이 세상의 더러운 수렁에 빠져, 살아있는 생명수의 근원이신 당신을 버렸습니다.

 오, 자녀들이여, 우리는 얼마나 오랫동안 헛된 것을 따라서 살아왔습니까? 어떤 속임수가 우리로 하여금 가장 선하신 주님을 버리도록 만들었습니까? 그 누가 우리에게 가장 높은 진리를 말해주고, 우리를 말할 수 없이 사랑하며, 또한 우리를 그렇게 변호해 주겠습니까? 이 세상 어디에 이보다 더 완전한 친구, 부드러운 신랑, 사랑하는 아버지가 존재하겠습니까?

  오, 주님이시여, 십자가에 못 박히신 그리스도를 따라가기 위해 기꺼이 고통을 받으려 하고, 자기의 십자가를 지고 가는 사람들을 찾아보기가 어찌 그리 힘든지요. 오, 당신의 선하신 즐거움을 위해 모든 것을 포기하면서, 오직 하나님을 향해서 살기 위해, 자신에 대하여 죽으려 하고 완전히 자아의 껍질을 벗은 사람을 찾아보기가 그 얼마나 어려운지요.

마이클 몰리노스의 시대와 생애

마이클 몰리노스의 시대와 생애

시대적 배경

제가 독자들에게 마이클 몰리노스라는 인물을 소개하려고 펜을 들면서 깨달은 사실은, 이제까지 교회 역사상 가장 논쟁의 소지가 많은 인물을 대상으로 글을 쓴다는 것입니다. 따라서 그의 생애를 소개하기 전에 먼저 그가 살았던 당시 시대적 배경을 설명하는 것이 좋을 것 같습니다. 왜냐하면 독자늘이 그 시대의 배경에 대해서 전혀 모른다면 그의 생애를 이해하기 어렵기 때문입니다.

서방 가톨릭교회는 전통적으로 주님과의 더욱 깊은 교제와 동행에 관심을 가진 신자들을 지칭하여 신비주의자(mystics)라 이름하였습니다. 물론 신비주의라는 단어가 개신교인 그리스도인들의 귀에는 매우 낯설게 들릴 것입니다.(저는 이 신비주의라는 단어는 매우 확대 해석 할 경우에만 성서적이라고 덧붙이고 싶습니다.)[1]

몰리노스 역시, 가톨릭신자로 주님께 깊이 헌신된 자였으며, 믿음의 깊은 진리에 관심을 가졌던 자였기에 역사학자들에 의해 가톨릭 신비주의자로 불려졌습니다.

그러면 신비주의라는 단어가 그 당시에 시사하는 바는 무엇이겠습니까? 일반적으로, 기도생활에 전념하고 하나님의 신비에 대해서 전통적인 가톨릭의 가르침을 그대로 신봉하는 자들을 지칭하여 이렇게 불렀습니다. 그러나 이런 정의는 어쩌면 단어의 의미를 너무 지나치게 단순화시킨 것일 수도 있습니다.

신비주의는 기독교 역사에서 아주 오랜 세월동안 복잡하면서도 놀라운 역할을 담당해 왔으며, 서방 가톨릭의 세계에서는 없어서는 안될 중요한 전통과도 같았습니다. 가톨릭교회에서는 이렇듯 주님과의 열정적인 사랑에 빠진 일련의 사람들을 인정해 주는 자세를 가졌습니다.(개신교의 자세는 어떻습니까? 아직까지 개신교 내에서는 가톨릭의 신비주의에 버금가는 영적 운동이 일어나지 않았기 때문에 잘 모르지만, 이러한 영적 운동이 일어나게 된다면 그 때에 가서야 발견할 수 있겠지요!)

---

1. 이 말에 너무 비판적이지는 말아야겠습니다. 우리 개신교에는 성서적이든 혹은 비성서적이든 카톨릭에서 말하는 신비주의자라는 사람들을 지칭할 단어를 전혀 가지고 있지 않습니다. 아마도 그 이유는 아직까지 개신교에는 이 단어의 의미를 필요로 할 만큼 이 길에 관심을 갖고 있는 사람들이 많지 않았기 때문일 것입니다.

서방 가톨릭에 있어서 "더 깊은 삶으로"의 영적 부흥 운동이 가장 크게 일어났던 때는 1500년대입니다. 이 운동의 가장 대표적인 인물을 들라면 십자가의 성 요한과 아빌라의 테레사라고 할 수 있습니다. 이 두 사람의 이름은 아마도 가톨릭 역사에서 수없이 기록되는 수많은 신비주의자들 중에 가장 뛰어난 이름으로 영원히 기록될 것입니다.

이제 매우 흥미로운 사실을 지적하려 하는데, 그것은 바로 테레사나 십자가의 성 요한, 이 둘 모두 스페인 사람이었다는 점입니다. 그렇다면 대부분의 모든 가톨릭 국가들을 휩쓸던 운동 중에 그 영향력이 가장 크고 깊었던 신비주의 운동들이 어떻게 해서 모두 스페인에서 시작이 된 것일까요?

이에 대한 답변을 이해하려면 우리는 먼저 서방 가톨릭에 있어서 신비주의의 뿌리를 살펴보아야 할 것입니다. 그렇게 함으로 우리는 가톨릭의 신비주의가 성서에 기반을 두고 있는 만큼 또한 가톨릭 전통에도 똑같이 근거를 두고 있다는 사실을 발견하게 될 것입니다. 또한 대부분의 서방 가톨릭의 가르침이나 전통들 또는 훈련과 동일하게, 신비주의의 뿌리도 역시 성서뿐만 아니라 플라톤이나 아리스토텔레스 등의 영향을 받은 희랍 문화에도 근거를 두고 있다고 알려져 왔습니다.

이것이 일반적인 사실이라 할지라도 스페인의 신비주의는

유럽의 다른 가톨릭 국가들에서 발견되는 신비주의보다는 희랍의 인본주의의 영향을 훨씬 덜 받았다는 것입니다. 독일의 예를 들어보겠습니다. 1500년대와 1600년대에 있어서 에크하르트와 토울러는 그 당시 독일에서 가장 큰 영향력을 행사하던 자들입니다. 그들의 가르침은 매우 - 당시의 독일인의 정신에는 보편적이지만 - 이성적이었습니다. 프랑스의 신비주의는 스페인의 열정주의과 독일의 이성주의의 중간에 위치한다고 볼 수 있습니다. 1500년대 프랑스의 신비주의는 성 빅터의 리차드와 휴의 영향권 아래에서 시작되었습니다. (프랑스에서 시작된 신비주의는 일반적으로 독일에서 시작된 것보다는 높은 단계였습니다.) 그러나 스페인의 신비주의는 유럽의 다른 지역에 비하면 그 가르침이나 훈련에 있어서 아주 단순했습니다. 스페인에서 시작된 신비주의는 영적 부흥에 많은 집중을 하는 반면에 독일의 신비주의는 이성적인 사고에 근거를 두고 있습니다.

예를 들자면, 그 당시의 스페인의 신비주의 간행물에는 이태리나 독일에서 발견되는 것들보다 "성자들"이나 "복 받은 동정녀"에 관한 언급이 매우 적다는 것입니다.

이제까지 제가 설명한 가톨릭 신비주의에 대한 내용이 여러분들에게 매우 안정적인 것으로 오해를 일으키지는 않기를 바랍니다. 가톨릭교회 내에서 영적인 부흥이 일어날 때마다 온갖 종류의 논쟁과 고소와 맞고소의 사태가 일어났었습니다. 이런 논쟁들 속에서는 항상 대립되는 움직임들이 일어나기 마련인데, 서로를 정죄하는 사상들이 난무하고 상대방의 말꼬리를 잡고 늘어지면서 용어나 문장의 정의나 의미에 관한 다툼이 벌어졌던 것입니다. 그러나 3세기 후인 오늘을 살아가고 있는 우리에게는 그러한 논쟁이나 질문, 정의, 의미 등을 통해 그 당시에 실제로 가르쳤고 훈련되었던 것들을 명백하게 이해하기란 매우 어려운 것임을 경험하게 될 것입니다. 특히 전통적인 가톨릭 세계에 대해서 깊이 알지 못하는 우리 그리스도인들에게 있어서는 더욱 어려울 수밖에 없습니다.

솔직히 말하자면 가톨릭의 신비주의일지라도 그들 내에서의 논쟁과 다툼으로 인해, 진심으로 영적인 깊음을 추구하는 구도자들을 위하여 실제적인 기회를 제공하는 데에는 큰 성과를 거두지 못했다고 말하는 것이 옳습니다.

예를 들자면, 1500년대의 가톨릭 신비주의에 있어서 가장 큰 "시험"이 있었다면, 그것은 어떤 사람의 가르침이 도덕률 폐기론의 교리를 따르느냐 아니냐 하는 것이었습니다. 도덕률 폐기론이란 만일 어떤 사람이 내적으로 하나님께 아주 가까이 다가갔다면, 그들의 외적인 몸으로는 어떤 죄를 범하든지 상관이 없다고 말하는 가르침이었습니다.

가톨릭의 신비주의가 다툼을 벌였던 또 다른 이슈는, 간혹 어떤 사람들은 범신론이나 그와 유사한 문제에 빠져들었기 때문에, 그들이 주장하는 "모든 것이 신이다"라는 범신론과의 논쟁이었습니다.

  일반적으로 말하자면, 스페인에서 1500년대와 1600년대 초기 동안에 이런 유형의 이슈들을 놓고 많은 유혈 논쟁이 있었습니다.

  그 이유는 스페인 사람들은 이성적이기보다는 열정적인 사람들로서, 그들이 믿는 것을 생각하고 사고하기보다는 경험적인 신앙에 더 많은 시간을 투자했기 때문입니다.

  (스페인의 믿음 공동체를 찬양하려고 이런 말을 하는 것은 아닙니다. 그 당시에 스페인에는 또 다른 모습의 가톨릭 세계가 존재하고 있었습니다. 그것은 아마도 로마 가톨릭교회가 지지한 것들 중에 가장 잔혹한 폭력의 상징이라고도 할 수가 있습니다. 확실히 그것은 가톨릭교회 역사상 가장 군국주의적이었습니다. 물론 저는 지금 종교재판소에 대해 말하고 있는 것입니다.)

  결국, 가톨릭의 신비주의라고 할지라도 신약시대의 믿음의 공동체에 속한 그리스도인들의 믿음의 높이와 깊이를 모두 다 나타내 보여주지는 못했습니다. 그럼에도 불구하고, 그 당시 유럽의 다른 나라들보다는 스페인의 조용한 수도원들과 아주 작은 소수의 잊혀진 장소들에서, 한 단계 높은 가르침을 가르쳤던 테레사와 십자가의 성 요한의 글들의 영향을 받은 신부들과 수녀들 및 경건한 신자들을 가장 많이 찾아볼 수 있었다는 것이 사실입니다.

이제 1600년대로 가봅시다. 이 당시의 가톨릭 신비주의의 지도자는 거의 예외가 없을 정도로 스페인 사람들이었습니다. 1600년대의 가톨릭 신비주의의 영적 부흥에서 등장하는 위대한 이름이 있었으니, 그 이름이 바로 마이클 몰리노스입니다.

아니, 다시 정정해야 하겠습니다! 마이클 몰리노스란 이름은 17세기의 가톨릭 신비주의에 있어서 가장 핵심적인 인물로 부각될 뻔 했습니다. 몰리노스의 생애와 작품들 그리고 그의 가르침들은 명백히 테레사와 십자가의 성 요한을 따르고 있습니다. 그리고 이 사실은 몰리노스의 성공과 논쟁에 대한 많은 암시를 우리들에게 전해주고 있습니다.

사랑하는 독자 여러분, 로마 가톨릭의 신비주의는 로마인들의 전통 내에서, 경건에 이르는 두 가지 방법 중 하나라는 사실을 기억하시기 바랍니다. 그 당시에 경건에 이르려면 분명히 두 가지의 길이 있었습니다. 그 중에서도 가톨릭의 신비주의는 지나온 많은 세대를 훈련해 오는 동안, 가톨릭의 역사에 있어서 극히 작은 부분만을 차지해 왔다고 말씀드릴 수가 있습니다.

다른 길이 하나 더 있지요. 아! 그 길이야 말로 신비주의가 한번도 누려보지 못한 인기를 누린 길입니다. 훨씬 많은 자들이 지지하고, 믿고, 실천한 길입니다. 사실 거의 모든 사람들에 의해서라 해도 과언이 아닐 것입니다.

그러면 그 다른 한 길은 무엇일까요? 그것은 형식주의, 즉 가톨릭의 의식을 통해서 경건에 이르는 것을 말합니다. 형식주의란 외적인 관례와 행사, 의식, 전통 등에 믿음을 두는 것을 말합니다. 때때로, 위의 두 가지의 상반된 영향력 - 신비주의와 형식주의 - 은 서로 충돌하게 되었습니다. 로마 가톨릭 역사상 가장 큰 충돌이 일어난 시기를 든다면 바로 1600년대라고 말할 수 있습니다. 이러한 대 충돌에 있어서 가장 많이 거론되는 세 사람의 이름은 스페인의 마이클 몰리노스와 프랑스의 페넬롱, 그리고 역시 프랑스의 마담 귀용입니다. 이러한 충돌은 결국 바티칸의 교황청이 개입해서야 해결되었습니다. 그 결과, 교회역사의 기록에 따르면, 조직체로서의 교회는, 그것이 가톨릭이든 기독교이든 간에, 주님께 대하여 중립적인 사람들보다 오히려 더 많이 헌신된 사람들을 훨씬 더 핍박하고 죽이는 결과를 보여주게 됩니다.

저는 항상 윌 듀란트(Will Durant)의 통찰력 있는 표현을 좋아합니다.

교회는 오직 두 가지 부류의 사람들을 박해해 왔습니다.

한 부류는 주님의 가르침을 따르지 않는 사람들이요, 또 다른 부류의 사람들은 주님의 가르침을 충성스럽게 따르는 자들입니다!

오늘날까지도 기독교 교회의 역사는 형식을 뛰어 넘어, 내면의 혹은 마음 깊은 곳에서의 비형식적인 믿음이 기독교의 주류를 이루었다는 사실을 한번도 기록한 적이 없습니다.

아직도 저는 마이클 몰리노스가 어떻게 자신의 이단 논쟁을 감당했는지, 그것에 약간의 경외심이 느껴집니다. 그는 정통적인 "가톨릭 신비주의"를 가르쳐온 매우 정통적인 가톨릭 신자였기 때문입니다.

물론 그는 아주 작은 부분이긴 하지만 용서받을 수 없는 신성모독이 될만한 요소를 그의 저서에 남겨놓았습니다. 그의 글 중에는 교회의 외적인 법령이나 의식, 전통을 굳이 지킬 필요가 없다고 해석될만한 내용이 있었고, 심지어는 주님을 더 깊이 의미있는 방법으로 알려는 사람은 고해성사나 성례전을 지키지 않아도 된다는 암시를 줄 수 있는 문장이 있었기 때문입니다.

만약에 여러분이 가톨릭 신자가 아니라고 해서 그런 일은 가톨릭의 의식주의 때문에 일어난 일이라고 쉽게 단정짓지는 마십시오. 같은 논리로 기독교에 적용하더라도 아마도 여러분도 앞으로 몰리노스가 받게 될 온갖 핍박과 그리 다르지 않는 취급을 받게 될 것입니다.

로마 가톨릭이나 기독교의 범주를 벗어나, 비공식적인 모임을 갖고, 교회 건물에서 모이지도 않으며, 형식적 체계가 아예 없거나 있더라도 지극히 희미한, 그런 그리스도인들이 있습니다. 오늘날까지도 기독교나 가톨릭 신자들은, 그들이 보기에 이러한 이상한 믿음을 가진 자들이, 신자의 믿음은 전통적인 미사 의식들이 필요하지 않는다거나 혹은 하나님께서 신자들을 그리스도 안에서 완전하게 세우기 위해서 굳이 주일 예배나 설교, 강단, 교회 건물 등이 필요치 않다고 말하는 것을 들으면 아연질색합니다. 교회 역사를 살펴보면 몰리노스, 퀘이커교도, 형제들을 막론하고, 이러한 사상들을 가진 자들은 그 누구든 수많은 어려움을 당해야만 했습니다. 로마 가톨릭의 교회 내에서 또한 기독교 내에서 조차도, 끊임없이 주님께로 가까이 다가가려고 했던 사람들은 점점 외적인 의식이나 행사들, 전통에 관심을 잃는 경향을 보였고, 그 결과로 끓는 물 속으로 던져져야만 했습니다.

그런데 사랑하는 독자 여러분, 우리가 이제 살펴보고자 하는 마이클 몰리노스만큼 끓는 물 속으로 던져진 사람도 거의 드물 것입니다!

이제까지는 몰리노스가 살았던 시대적 배경을 살펴보았고, 이제부터는 "이단 중 최고의 이단자"라는 별명을 지니게 되는 마이클 몰리노스라는 인물의 생애를 살펴보도록 하겠습니다.

마이클 몰리노스의 생애

마이클 몰리노스는 1627년, 스페인의 사라곳사(Saragossa)에서 귀족의 아들로 태어났습니다(어떤 책에서는 1640년 스페인의 뮤니에사에서 태어났다고도 합니다). 그는 장남이 아니었을 것으로 쉽게 추측할 수 있는데, 그 근거는 당시 귀족가문의 전통 때문입니다. 그 당시 장자 이외의 다른 아들들은 대부분이 변호사나 의사 혹은 신부가 되었지만 그 집안의 장자는 아버지의 사업과 재산을 상속받는 것이 전통이었기 때문입니다.

몰리노스는 발렌체의 세인트 폴 예수회 신학교의 학생으로 있으면서 그 지역의 스페인 출신 성자였던 프렌코이스 사이몬의 시복식을 위해 바티칸 교황청으로 가는 특사로 뽑혔습니다. 그가 로마에 도착한 시점은 1669년, 1670년, 1673년 등으로 추측할 수 있습니다. 앞으로 살펴보겠지만 마이클 몰리노스라는 인물에 대한 모든 것들이 그러한 것처럼 그가 로마에 도착한 날짜도 불확실하고 논쟁의 여지가 있습니다. 그 당시에 그는 이미 신부였을 뿐 아니라 신학 박사 학위도 지니고 있었습니다. 또한 그는 "매일의 성찬에 대한 소논문"이란 책의 저자이기도 했습니다. 따라서 우리는 몰리노스가 그 당시에 이미 경건한 사람으로 꽤 많이 알려졌던 인물이었다는 결론을 내릴 수가 있습니다.

몰리노스의 용모에 대한 유일한 기록은 "그는 중간 정도의 키로 잘생겼으며, 밝은 피부 빛깔과 검은 머리, 근엄한 표정을 지닌 자"라는 정도입니다.

몰리노스가 로마에 머문 지 그리 오래지 않아 그의 인격과 가르침이 주변으로부터 많은 관심을 받기 시작했습니다. 그는 그 당시에 널리 알려졌던 스페인의 테레사와 십자가의 성 요한의 가르침을 그대로 따르는 정통적인 가톨릭 신비주의에 심취해 있었던 사람이었을 뿐만 아니라, 개인적으로도 많은 사람들을 충분히 이끌 수 있는 매력을 지닌 사람이었습니다.

이제까지 우리에게 남겨진 정보를 종합해 보면, 그는 태도에서나 대화를 봐서 알 수 있듯 개인적으로도 매력을 지닌 사람이었고 정통적인 신학에도 능통한 사람이었습니다. 확실히 그는 로마 가톨릭 신비주의의 역사적인 가르침에 대하여 총괄적인 지식을 지니고 있었습니다. 많은 로마의 귀족들이 고해성사를 하려고 몰리노스를 찾기 시작했습니다. 그는 얼마 지나지 않아 로마에서 가장 잘 알려진 사람들 가운데 한 사람이 되었습니다.

그의 생애에서 한가지 기이한 사실은 그가 추기경들, 그 중에서도 특히 베네딕트 오데스칼치 같이 교회 내에서 막강한 권력을 행사하던 사람들의 친구가 되었다는 것입니다. 만일 여러분이 이 사람의 이름을 잘 모른다면, 그가 후에 교황 이노센트 6세라는 이름을 얻은 바로 그 사람이라고 하면 이해가 갈 것입니다. 훗날 몰리노스의 친구인 오데스칼치는 교회 역사상 다른 어떤 교황들이 논쟁했던 것보다 훨씬 치열했던 두 가지의 이단 논쟁 시비를 가리는 회의를 주재하게 되었습니다. 그것은 다름아닌 몰리노스 논쟁과 페넬롱 - 귀용 논쟁이었습니다.

몰리노스와 오데스칼치가 너무나 가까운 사이였기 때문에, 한때는 몰리노스뿐만 아니라, 오데스칼치의 가슴에도 로마의 기독교 세계를 개혁하려는 열망이 있었을 것이라는 추측이 나오기도 했습니다.

몰리노스의 승승장구는 그가 바티칸 내에 거처하도록 허용된 사실에서도 잘 나타납니다. 그 당시에나 또는 지금까지도, 후에 "이단"으로 공식적인 선포를 받은 사람으로서 최고 종교 지도자와 그토록 가까이 지낸 사람은 없습니다.

몰리노스는 가장 신뢰받고 존경받는 고해성사 사제로, 로마에서 가장 영향력 있는 종교 지도자로 인정받기 시작했습니다. 그의 명성이 높아질수록 그의 말씀을 들으려고 수많은 사람들이 몰려들었습니다. 그 가운데 역시 많은 사람들은 그의 가르침에 헌신하기 시작했고 스승으로 따르기 시작했습니다.

그 즈음 루이 14세는 로마에서 새롭게 부상하고 있는 이러한 현상들을 알아보기 위해 에스트리 추기경을 먼 프랑스로부터 특사로 보냈습니다. 에스트리 경조차도 (처음에는) 몰리노스와 그의 가르침에 대해서 매우 호의적이었고 아마 그 자신도 몰리노스의 추종자가 되었을 가능성이 있습니다. 하지만 독자 여러분, 이 사람 에스트리 추기경의 이름을 기억해 두시고 또 명성이라는 것이 얼마나 변덕스런 것인지를 기억하시기 바랍니다.

그 당시에 로마에 살고 있었던 스웨덴의 크리스티나 여왕은 몰리노스를 자신의 영적인 지도자로 삼았습니다. 이처럼 몰리노스의 영향력은 유럽 전역의 최고의 군주들과 귀족들에게 충고와 도움을 주는 자리까지 자라간 것입니다.

이 당시에 유럽의 모든 가톨릭 국가들에서는 교회의 형식주의에 대항하여 작은 혁명이라고 불리는 운동들이 간헐적으로 일어나고 있었습니다. 이러한 일종의 부흥운동을 독일에서는 경건주의(Pietism)라고 불렀고, 이태리에서는 고요주의(Quietism)라는 이름으로 더 많이 불려졌습니다. 특히 이태리와 스페인에서는 이 고요주의 운동이 그 영향력을 점차적으로 확대시켜 나가고 있었습니다. 개신교 국가인 영국에서도, 개신교의 고요주의라할 수 있는 퀘이커주의가 있었습니다. 프랑스에서는 정확한 명칭 없이 존재하다, 훗날 고요주의라는 단어가 이단과 동일시 되었습니다.

만약에 여러분이 교회사를 연구한 적이 있다면, 벌써 이런 운동들에 대항하여 어떤 일이 일어날 것인가를 충분히 짐작하리라 믿습니다. 종교 세계에 있어서 어떤 새로운 운동이 일어나기 시작하면, 그 운동은 오직 그 운동에 대항하는 반작용의 운동이 일어날 때까지만 커질 수 있고 유행하는 것이 상례이며, 그 반작용의 운동에 거침이 되는 자들은 결국에는 재난을 당하기 마련입니다.

몰리노스에게 있어서도 이런 시점은 놀랍게도 그의 생애의 황혼기에 이르러서 찾아오게 되었습니다. 그는 하나님과의 깊은 동행을 추구하는 사람들은 자신의 영적인 지도자에게 온전히 순종해야 한다는 훈련을 받아온 정통적인 신비주의자였습니다. 그의 가르침에서 잘 나타나듯이, 몰리노스는 실제로 테레사와 십자가의 성 요한의 가르침을 그대로 따랐습니다. 따라서 몰리노스는 자기 자신의 새로운 것을 가르친 선생이기보다는, 테레사의 가르침들을 그대로 해설한 자라고 보는 것이 더 적합할지도 모릅니다.

그렇다면 몰리노스처럼 인기가 높은 사람을 감히 누가 대적할 수 있었으며, 어떤 세력을 기반으로 그 대적이 가능했을까요? 그의 로마에서의 사역 초기에는 아무도 그의 성공을 꺾을 수가 없었습니다.

이렇게 몰리노스의 인기는 점차로 높아졌고 그의 말을 듣고자 하는 사람들이 너무 많아져, 그의 가르침들이 책으로 나와야 한다는 부담을 받기 시작했습니다. 특히 몰리노스는 친구이자 프란시스코 수도회의 동료 신부였던 산타 마리아의 지오바니로부터 강력한 권유를 받자, 자신의 책이 가톨릭 신자에 의해서 쓰여진 책들 가운데 가장 미움을 받고, 공포의 대상이 되며, 정죄 당하게 될 뿐만 아니라, 발매금지 조치를 당하고, 종교재판소에 고발을 받아 끝내는 불에 태워지게 될 것이라는 사실을 전혀 인식하지 못한 채, 1670년(혹은 1673년) 초에 그 동안 자신이 가르쳐온 것들을 글로 써내려가기 시작했습니다.

결국 이 책은 몰리노스가 로마에 도착한 지 약 5년 후인 1675년, 「영성깊은 그리스도인」이라는 제목으로 출판이 되었으며, 물론 이 책은 출간하자마자 얼마나 인기가 높았던지 약 6년 동안에 서부 유럽의 대부분의 주요한 언어로 번역되었다고 전해집니다.

이 책의 처음 부분에 보면 유명한 학자에 의해 이 책을 인정받는 보증서와 같은 추천사가 있습니다. 실제로 이 책은 종교재판소에 소속되어 있었던 4인 이상의 예수회 신부에 의해 추천을 받았으며, 그들은 모두가 "경건과 완전함에 이르는, 값으로 형용할 수 없는 보석"이라고 극찬을 했습니다. (잘 기억해 두십시오. 종교재판소는 이 책에 아낌없는 찬사를 보냈지만 후에는 전 가톨릭적으로 이 책에 대한 소유금지령을 내렸습니다.)

「영성깊은 그리스도인」은 그 당시의 유행하던 화려한 문체의 작품들과는 대조적으로 단순하게 쓰여졌습니다. 이태리어로 쓰여진 영성을 주제로 하는 책들 가운데 이 책보다 더 명료하게 쓰여진 책을 찾아보기 힘들 정도입니다. 이 책은 얼마 안 있어 네 개의 유럽국들의 언어로 그 모습을 나타냈고, 이 책의 열기는 오늘날 우리들의 시대에까지도 식을 줄을 모르고 있습니다. 간단히 말하자면 이 책은 그 당시에 가장 유명한 종교서적 가운데 하나가 되었던 것입니다.

이 책이 얼마나 유명하고 그 영향력이 대단했는지 아십니까?

프랑스의 루이 14세의 특사였던 에스트리 추기경은 이 책이 프랑스어로 번역되도록 영향력을 행사했습니다. 또한 페트루치 추기경은 「영성깊은 그리스도인」을 주축으로 하여 수녀들을 위한 책을 만들었습니다. 점차 많은 신부들이 이 책에서 몰리노스가 가르치는 방법을 따르기 시작했고, 그들의 신자들에게도 가르치기 시작했습니다. 많은 수녀들도 기도문을 외우는 일이나 다른 소예배 드리는 것을 그만두고, 내면의 기도를 훈련했습니다. 이태리 전역에 걸쳐서 몰리노스의 가르침을 따르는 자들에 의해 "합동모임"이 결성되기도 했습니다.

책이 발간된 지 6년도 채 못되어 「영성깊은 그리스도인」은 이태리어, 스페인어, 프랑스어와 라틴어로 발간되었으며 20회까지 재쇄되었으나, 정확한 발행 부수는 알려져 있지 않습니다. 이처럼 몰리노스는 유럽 전역의 영적인 지도자가 되었던 것입니다. 그렇다면 그의 이러한 성공을 누가 막을 수 있었을까요? 누가 감히 그의 적이 될 수가 있었을까요? 아직은 적이 나타날 만한 때가 아니었습니다. 그러나 결국에 가서 그들이 모습을 나타냈을 때, 그들은 너무나도 막강한 적이었습니다.

몰리노스는 성도의 삶 자체는 믿음생활과 하나님을 향한 사랑으로 연속되어야 한다고 가르쳐 왔습니다. 그러나 이러한 가르침은 그 당시에 가장 큰 권력을 지녔던 예수회가 가르치던 것과는 강한 대조를 이루는 것이었습니다.

예수회는 많은 철학적인 질문들을 던지곤 했는데, 그 가운데 하나는 "우리는 얼마나 자주 그리고 언제 하나님을 사랑해야 하는가?"라는 것이었습니다. 이 질문에 대해서 예수회에서 제시하는 대답은 다양했지만, 그러나 일반적으로 "하나님을 향한 성도의 의무는 매 주일을 지키는 것입니다" 혹은 "하나님을 사랑하기 위해서는 적어도 일 년에 한번은 필수적으로 하나님을 사랑해야 합니다", "일상적인 삶을 사는 자라면 오 년에 한번 하나님을 사랑하는 것이면 충분합니다"라는 대답 등을 제시했습니다. 그들에게 있어서 몰리노스의 사상은 이들의 좁은 개념과는 너무나 동떨어진 것이었습니다.

점차적으로 예수회는 몰리노스가 성찬식에 앞서서 죄의 고백이 필요치 않다는 사상을 가르친다고 보기 시작했습니다. 이러한 시선은 처음에는 조심스럽게 관망하는 자세로 시작되었지만, 그들이 몰리노스가 지난 수 년 동안 한번도 고해성사를 하지 않았다는 사실을 발견하게 됨으로써 그들의 가장 큰 우려가 현실이 되었습니다.

그러나 이러한 사실이 정말 그들이 염려했던 진정한 문제였을까요? 저는 아니라고 생각합니다만.

그러면 진정한 문제는 무엇이었을까요? 그것은 새롭게 부상하는 힘에 대한 두려움이었을 것이라 생각합니다. 몰리노스는 수많은 추종자를 지니게 된, 너무나도 유명한 사람이 되었던 것입니다. 예수회처럼 이미 안정된 기반을 가진 "옛" 권력은 새로운 권력이 결집되는 것을 보면 위협을 느끼기 마련입니다. 불행하게도 예수회는 스스로 자신들이 가장 강력하다고 간주해 왔던 것입니다.

예수회의 권력은 어디에 기반을 두고 있었을까요? 숫자일까요, 아니면 그들의 재력일까요, 아니면 그들의 영향력이었을까요? 예수회의 기반은 이런 것들보다는 프랑스의 정치적 권력에 있었다고 보는 것이 좋을 것입니다.

이렇듯 예수회는 아무도 넘볼 수 없는 권력과 특권을 지니고 있었음에도 불구하고 커지는 몰리노스의 영향력을 자신들의 경쟁상대로 인식하면서 두려움을 느꼈던 것입니다.

독자 여러분, 가톨릭이나 개신교 내의 분쟁에서 일어나는 진정한 문제들은, 그들의 논쟁에서 겉으로 드러나는 일과 일치하는 법이 거의 없다는 사실을 아셔야 합니다. 교회 역사상 일어난 거의 대부분의 논쟁들을 살펴보면 표면적으로 드러난 이유 저변에는 돈, 불안(insecurity), 다른 사람들의 성공과 그들의 권력이나 영향력 등의 요소들이 실제 요인으로 깔려 있었다고 말할 수 있습니다. 신학은 논쟁 저변의 요소들을 감추어 주는 일종의 편리하고 효과적인 가림판 정도의 역할을 하는 것이었습니다. 여러분이 표면상으로 보게 되는 모든 거품들은 오히려 실제적인 문제들과는 관련이 적으며, 뚜렷하게 드러나지는 않지만 심리적인 공격들이 실제적인 문제가 되는 경우들이 대부분입니다.

몰리노스를 대적하는 최초의 조짐은 어디에서 나타나기 시작했을까요? 그것은 폴 세그네리라는 신부를 통해서였습니다다. 그는 이른바 예언자라고 불렸는데, 걸레조각과 같은 의복을 걸치고 죄를 회개하라고 외치며 전 이태리를 맨발로 걸어다녔던, 능력 있고 유명한 설교자였습니다. 그는 이태리 전역을 순회하면서 모든 듣는 자들에게 회개의 필요성과 교회의 위대함을 선포하기 시작했습니다. 그의 놀라운 인격과 감동적인 설교로 인해 그가 한 마을에 도착할 무렵이면 그 마을의 교회는 종을 울렸고 모든 마을 사람들이 쏟아져 나와 그의 발밑에 앉아 말씀을 들었다고 합니다. (분명히 오늘날과는 다른 모습을 보는 것 같습니다. 오늘날의 어느 기독교 마을에서 맨발의 설교자 혹은 말굽 편자를 댄 구두를 신은 설교자가 왔다고 하여 이렇게 모여들겠습니까?) 또한 그가 도착하는 마을의 지도자는 그를 맞이하여 인사하고 정중하게 그 마을로 인도했다고 합니다. 이처럼 세그네리에게는 그를 열정적으로 따르는 무리들이 있었습니다. 어찌나 인기가 높았던지 호위병들이 그를 보호해야 할 정도였습니다.

바로 이 사람, 세그네리가 몰리노스에게 처음으로 도전하기 시작했습니다. 그는 여러 책들을 저술했고 이제 막 「노력과 침묵이 조화를 이루는 기도」(*Harmony Between Effort and Quiet in Prayer*)라는 제목의 책을 출간했습니다. 그 책에는 오랫동안 논쟁의 대상이 되어온 믿음과 행위, 율법과 은혜, 보이는 영역과 보이지 않는 영역에 대한 설명들이 담겨있었습니다. 그의 책은 「영성깊은 그리스도인」이 출간된 지 정확히 5년 후인 1680년에 플로렌스에서 처음으로 출판되었습니다. 이 책에서 세그네리 신부는 몰리노스를 이단으로 정죄하지 않으려고 매우 조심했습니다. 실제로 그는 한번도 몰리노스란 이름에 대해서 언급조차 하지 않았습니다. 그는 내면적인 영적 생활을 높이 평가했지만 로마 가톨릭의 전통에 있어서 보면 그것은 오직 소수의 사람들만이 알 수 있는 일종의 경험이며 하나님과의 관계라고 주장했습니다.(이것은 토마스 아퀴나스나 그 이전까지 거슬러 올라갈 수 있는 케케묵은 가톨릭 교리입니다. 그는 또한 일반적인 신자들이 이러한 가르침을 따르게 되면 자신들을 큰 위험에 노출시키게 된다고 말했습니다.)

세그네리는 자신의 주장을 모세의 경우를 예로 들어 뒷받침했습니다. 모세는 백만 사람들 가운데 한 사람이었습니다. 오직 백만인 가운데 한 사람만이 하나님의 면전에서 얼굴과 얼굴을 대하고 서 있을 수 있도록 부르심을 입었다는 것입니다.

또한 세그네리는 몰리노스의 가르침과 대조적인 또 하나의 사실을 매우 조심스럽게 지적했습니다. 가톨릭의 전통에 생소한 우리로서는 그의 요점을 이해하기가 매우 어려울 것입니다. 가톨릭에서는 일반적으로 두 가지의 기도의 종류를 말하고 있습니다. 하나는 외적이며 다른 하나는 좀더 주관적입니다. 처음 것은 "묵상"(meditation)이라 불리고 나중 것은 "관상"(contemplation)이라고 불렸습니다. 기억하셔야 할 것은 아직까지도 기독교적으로나, 혹은 성서적으로도 이 두 개의 단어와 그들이 뜻하고 있는 개념이 개신교인들에게는 전혀 생소하다는 사실입니다. 몰리노스는 말하기를 "여러분이 첫째 종류의 기도인 묵상을 그만 둔 후에는 다시 그 단계로 돌아가지 말고 둘째 종류의 기도인 관상을 지속하시기 바랍니다"라고 가르쳤습니다. 그러나 세그네리는 이에 동의하지 않았습니다.

세그네리의 책은 그리 호전적이지 않았습니다. 아마도 몰리노스의 인기가 너무나 높았기 때문에 직접적으로는 공격할 수 없었을지도 모릅니다. 그럼에도 불구하고, 그가 놀리노스에 동의하지 않는 최초의 반대의 증언을 했음은 사실이며, 이것이 도화선이 되어 점차적으로 공격의 불이 타오르게 되었습니다. 오히려 세그네리는 작은 일을 했을 뿐입니다. 그가 한 일은 아무도 넘보지 못할, 너무나 인기가 높았던 인물에 대해서 감히 반대하고 나섰다는 것뿐이었습니다.

몰리노스가 얼마나 인기 높았는가를 잘 보여주는 한가지 사실은, 불쌍한 세그네리가 그의 책을 출간하자마자 어떤 일이 벌어졌는지를 보면 금방 알 수가 있습니다. 그는 자신의 추종자들을 잃어버렸습니다! 그는 마치 추방된 것과 다름없는 취급을 받았습니다. 많은 협박편지들이 날아들었고, 그가 군중 앞에 나타나게 되면 사람들의 비웃음과 조롱거리가 되었습니다.

그러나 곧 몰리노스에 대한 또 다른 공격이 그의 뒤를 잇게 되었습니다. 1682년 1월이었습니다. 네이폴스의 대주교였던 카라치올리 추기경이 교황에게 몰리노스의 가르침을 따르는 사람들에게 일어나는 "결과들"에 관하여 자세하게 보고하는 편지를 써 보냈습니다. 그 편지의 일부분은 다음과 같습니다.

> 제가 듣기로는 다른 지역에서도 이미 소개되었다고 하는데, 근래에 네이폴스에도 진실한 믿음의 기도 혹은 고요한 기도라고 불리는 수동적인 기도가 소개되었습니다. 그들은 대개 자신들이 묵상이나 소리내는 기도를 하지 않기 때문에 스스로를 고요주의자라고 부릅니다. 그들이 기도할 때에는 마치 벙어리나 죽은 사람처럼 침묵하거나 고요함을 유지합니다.

카라치올리는 계속해서 보고하기를 이런 종류의 기도를 하는 자들은 묵주기도를 그만두거나 십자가상을 포함한 성상들을 버리고, 매일 드리는 미사에도 참석치 않는다는 불평을 쓰고 있습니다. 더 나아가서 그는 이러한 기도를 훈련하는 자들이 매일 증가하고 있다는 보고를 첨가하였습니다. 개신교적인 시각에서 바라본다면, 이 사람은 영적인 부흥을 보고하고 있었던 것입니다!

(1685년 이태리를 방문한 한 사람의 보고서에 의하면 그 당시에 네이폴스에 몰리노스를 따르는 자들이 약 20,000명이었다고 기록되어 있습니다. 그는 덧붙여 말하기를 "예수회는 자신들의 미신적인 제국을 약화시킬지도 모르고 교회 내의 분열을 가져올지도 모르는 이 운동에 대항하기로 결정했다"고 보고하고 있습니다.)

그 당시에 카라치올리의 보고는 마치, 텍사스 주 동부에서 일련의 교회들이 그들의 주일학교를 그만두고… 목사들은 자신의 사역을 포기하고 직장을 갖기 시작했다… 그리스도인들이 집에서 집회를 갖고 평신도들이 침례(세례)를 베푼다… 그리고 주의 만찬식에서 아무도 의식을 주관하지 않았다는 보고를 듣는 것과 흡사할 것입니다.

이런 소식은 어떤 사람들에게는 좋게 들릴 반면 또 어떤 사람들에게는 모든 시대를 통틀어 가장 끔찍한 사건이 될 수도 있습니다.

계속해서 네이폴스의 대감독은 교황에게 자신이 이 새로운 사건들을 어떻게 대처해 나가야 하는지를 가르쳐 주기를 구하고 있습니다.

이 편지는 마이클 몰리노스의 사역과 작품들, 그의 영향력 및 나아가서는 그의 기억조차도 갈아버리기 위해 - 후에는 완전히 전멸시키게 되는 - 회전 숫돌을 서서히 가동시키는 역할을 한 것과 다름이 없었습니다.

우리는 여기서 잠깐 멈추고, 이런 사건을 통해 교훈을 얻고자 합니다.

예수 그리스도께서도 성전에 나아가는 자들의 숫자가 줄어들기 전까지는 갈릴리와 유대에서 대단한 인기를 누렸습니다. 종교적인 지도자들은 예수님을 따르는 자들 가운데 지식층들은 물론 아주 단순한 사람들조차도 그 동안 자신들이 지켜오던 전통적인 종교의식에서 변화를 나타내기 시작하는 것을 보게 되었습니다. 그런데 이런 변화는 역사적으로 거의 드문 일입니다. (예를 들자면, 가톨릭에서 미사를 드리는 방법은 1500년 동안 아무런 변화가 없었습니다. 가톨릭에서 개신교가 분리되어 나온 뒤 400년 동안 주일예배의 의식은 조금도 변화되지 않고 있습니다. 저는 아마도 앞으로 천년이 지나더라도 가톨릭이나 개신교나, 오늘날 드리는 주일예배의 형태는 근본적으로 큰 차이가 없을 것이라고 봅니다. 아무리 큰 영적인 부흥이 일어난다 할지라도 의식은 결코 변하지 않는 것입니다.)

그들은 자신들의 의식으로 인해 예수님을 십자가에 못박았던 것입니다. 바로 몇 년이 지나지 않아 똑같은 일이 예루살렘에서 다시 일어났습니다. 이번에는 예수님이 아니라 사도들에 의해 유대 종교의 의식이 위협을 받게 되었습니다. 그러자 또 다시 핍박이 일어났습니다.

따라서 주목해야 할 사실은, 새로운 운동은 기존의 종교적인 조직들이 자신들의 성도들을 잃게 되고 물질적인 손실을 입기 전까지만 아무 탈없이 유지된다는 것입니다. 가장 성스런 전통의식과 훈련들이 유기되기 시작할 때 종교계는 그 변화를 가져오는 것이 무엇이든지 간에 핍박을 가하기 시작할 것입니다.

이것은 가톨릭에게만 있어온 사건이 아닙니다. 이런 현상은 어떤 종교적인 조직일지라도 마찬가지라고 생각됩니다.

이제 다시 몰리노스의 사건으로 돌아가 예수회를 살펴보겠습니다.

몰리노스를 대적으로 생각하던 예수회는 일전의 세그네리의 책이 자신들의 좋은 배경이 되어주었습니다. 이제 또 다시 그들에게는 대감독의 편지가 큰 역할이 되어주었던 것입니다. 결국 예수회를 기반으로 한 대중적인 반대가 터져 나오기 시작했습니다.

이런 모든 사건들 가운데 종교재판소가 개입하게 되었습니다. 그들은 로마에서 위원회를 구성하고 몰리노스와 세그네리의 책들을 조사하기 시작했습니다.

갑자기 분위기가 변화하면서, 사람들은 으레 이단의 시비가 있으면 해오던 대로 정의들에 대해서 또 다시 갈등하기 시작했습니다. 어떤 것을 정의하고 나서 그것을 놓고 끊임없이 논쟁하는 것 말입니다.

몰리노스의 가르침은 무엇인가? 고요주의란 무엇인가? 이것은 프랑스에서 한참 논란이 되었던 것과 어떤 관련이 있는가? 이것이 자유의지인가, 아니면 은혜인가? 등등.

신부들, 추기경들과 신학자들이 편이 나뉘기 시작했습니다. 1681년까지 "기도", "묵상" 그리고 "관상"이란 단어들은 각각의 갈라진 편들의 슬로건이었습니다. 논문들과 발췌문구들이 교황청에 의해서 빗발치듯 오가게 되었습니다.

그리고 1682년 위원회가 소집되었고, 그들은 책들을 읽고 질문하고 주의 깊게 조사한 뒤에 결론을 내리기를 - 여러분이 믿을 수 있을지 모르지만 - 세그네리의 책을 정죄했습니다! 몰리노스의 책은 종교재판소에 의해 "교회의 믿음과 그리스도인의 도덕에 일치한다"는 판결을 받았습니다! 이제 세그네리의 공격은 그 기반을 잃어버렸고, 고요주의자라고 불리는 자들은 종교재판소의 승인을 얻게 된 것입니다. 그 결과로 페트루치는 주교로 승진하였으며 몰리노스의 가르침은 더욱 성공적으로 퍼져나갔습니다.

그러나 이러한 결과에도 예수회는 포기하지 않았습니다. 아니, 오히려 몰리노스의 약점을 찾는데 더욱 혈안이 되도록 만들어버렸는지도 모릅니다. 이들은 이태리에서의 몰리노스의 운동을 자신들이 이미 겪었던 독일의 개신교주의와 프랑스의 쟌세니즘과 유사하게 보았던 것입니다. 더 나아가 이들은 이태리에서 일어나고 있는 경건주의의 부흥운동이 개신교주의나 쟌세니즘보다 자신들에게 더 위협적이라고 보았습니다. 이 부흥운동은 교황의 축복을 받고 있었던 것입니다! 그들은 교황이 예수회로부터 멀어져 몰리노스에게 향하는 것을 보았습니다. 따라서 이들은 종교적인 방법으로 실패하자 이번에는 정치적인 방향으로 전환하기 시작했습니다.

예수회의 가장 큰 정치적인 권력은 프랑스에 기반을 두고 있었습니다.

프랑스에서는 테레사나 십자가의 성 요한, 그리고 몰리노스의 가르침들이 이태리에서처럼 널리 펴져 있었던 것이 아니었습니다. 따라서 예수회는 루이 14세의 마음속에 자신들의 두려움을 심어주는 방법을 찾기만 하면 되었습니다. 그것은 매우 쉬웠는데 그것은 다름 아닌 몰리노스를, 루이 14세가 미워하고 두려워하는 어떤 것과 연관시켜 놓기만 하면 되는 것이었습니다.

그 당시 프랑스에서는 정치적 - 종교적 운동이 간헐적으로 일어나고 있었습니다. 그것은 쟌세니즘이라고 불리는 것으로 이들은 예수회와는 적대관계에 있는 자들이었습니다. 바로 이 때에 프랑스에서는 예수회와 쟌세니즘 사이에 심각한 논쟁이 벌어지고 있었습니다. 프랑스의 예수회에서는 쟌세니즘의 영향력이 커지는 것을 막기 위해 이를 갈면서 그들을 체포하고 있었습니다.

수백 년 동안 유럽에서 가장 큰 제국 - 아마도 전 유럽의 역사를 통해 가장 큰 권력의 제국이 될 것입니다 - 이 예수회의 진영으로 서서히 이동해왔던 것입니다. 그들에게는 다행스럽게도, 루이 14세는 종교적으로 거의 완전히 예수회에 속한 피에르 라쉐이즈와 보스웨(가톨릭에서의 마틴 루터와도 같은 사람)의 영향력 아래에 있었습니다. 이태리의 예수회는 이 사람, 피에르 라쉐이즈에게 도움을 요청했던 것입니다.

루이 14세는 가톨릭 교회 내에서 일어난 이단 사상이라 하면 쉽게 자극을 받는 사람이었습니다. 루이 14세에게 몰리노스가 개신교주의와 비슷한 이단이라는 것을 설득하기만 하며 그는 단숨에 그들의 편이 되는 것이었습니다. 이제 막 프랑스의 칼빈주의자(위그노)들을 짓밟아버린 직후에 있었던 루이의 귀에 이태리에서 이단 운동이 일어나 위그노들의 그 빈자리를 채울지도 모른다고 속삭여주기만 하면 되는 것이었습니다.

그리하여 1685년 유럽에서 가장 큰 제국의, 가장 큰 권력을 소유했던 사람 루이 14세는 교황에게 자신의 불평을 제기하기 위해 에스트리 추기경을 특사로 보냈던 것입니다. (여러분,

에스트리 추기경을 기억하십니까? 그는 이미 몰리노스와 그의 가르침을 조사했던 프랑스의 추기경으로서, 조사 후 몰리노스와 그의 책 모두를 축복한 사람이었습니다.) 루이는 사람들로 교회의 예배의 의식을 무시하라고 가르쳐온 이단에게 교황이 편을 들어준 것에 대해서 자신의 비통함을 전달했던 것입니다.

여러분, 교황이라고 해서 권력과 돈이 아무런 영향력을 미치지 못한다고 생각하지 마시기 바랍니다. 종교적으로 몰리노스의 부흥에 찬성하는 것처럼 보였던 교황이 흔들리기 시작했습니다.

다시 한번 이 논쟁은 종교재판소의 법정에 상정되었고, 두 번째 재판에서는 마치 몰리노스를 향한 적대의 수문을 열어놓은 것과 같았습니다.

그 해(1685년) 5월에, 페트루치와 함께 몰리노스는 종교재판소에 소환되어 조사를 받았습니다.

그후 7월 18일에는 교황청의 호위병들이 집에 있던 몰리노스를 체포했습니다. 마이클 몰리노스는 아무런 절차도 없이 감옥으로 던져졌던 것입니다. 그 후 8월에 루이 14세는 몰리노스에 관한 모든 상세한 보고서를 요구하는 편지를 다시 썼습니다.

그 당시에 흔히 일어났던 대로 몰리노스의 친구 한 명 역시 감쪽같이 사라진 뒤에 다시는 소식을 들을 수가 없었습니다.

역시 예수회였던 마틴 에스포소프였습니다. 그의 죄목이 무엇인지 아십니까? 몰리노스의 가르침에 동의했다는 것입니다.

몰리노스의 집이 습격을 당했습니다. 무려 2만여 통의 편지들이 발견되었습니다! 저는 당시 몰리노스의 집에서 그 편지들을 발견한 예수회들은 소름끼칠 정도로 두려웠을 것이라고 확신합니다. 이 편지들 가운데는 유럽에서 가장 영향력 있는 사람들과의 서신들이 포함되어 있었습니다. 아마도 이 서신들을 통해 예수회는 몰리노스의 영향력이 얼마나 커지고 있었는지, 또한 종교재판소나 예수회가 더 이상 제지할 수 없을 정도로 막강한 영향력을 지닌 새로운 운동이 되었을 가능성이 자신들에게 큰 공포심을 불러일으켰다는 사실을 깨닫게 되었을 것입니다. 어쨌든, 2만여 통의 서신들은 예수회에게는 자신들이 원하는 대로 얼마든지 해석되어질 수 있는 좋은 증거들이 되었던 것입니다.

이 2만여 통의 편지들은 하나도 빠짐없이 불태워졌습니다. 저의 견해로는 그 편지들이 오늘날까지 존재했다면, 지난 3백여 년 동안 몰리노스가 받았던 모든 공격에도 불구하고 그 편지들로 인해 그의 이름이 테레사와 십자가의 성 요한의 이름과 함께 나란히 존경받게 되었을 것이라고 믿습니다.

그렇게 믿고 있는 이유는 우선, 십자가의 성 요한도 자신이 살았던 당시에는 가장 미움을 받고 논쟁의 대상이 되었던 인물이었습니다. 세월이 지나서야 그는 성자로서 칭함을 받게 되었습니다. 거꾸로 말하자면, 가톨릭의 한 세대에 의해서 핍박과 고문을 당했지만, 그 다음 세대에서는 그 사람에게 성자의 칭호를 수여받았던 것입니다.

또한, 만약 2만여 통의 편지들이 존재한다면, 그 편지들의 내용이 몰리노스의 정당함을 입증해 주었을 것이라 생각합니다. 작가로서의 몰리노스는 당대의 사람들보다 한 단계 높았던 것으로 알려졌습니다. 예수회가 그 편지들을 불태운 진정한 이유는 그들의 이단성 때문이 아니라 오히려 그 편지들의 특출함 때문일 것이라는 것이 저의 의견입니다.

여러분은, 몰리노스가 살았던 시대는 전화나 타자기 심지어는 책조차도 널리 사용되기 이전이라는 사실을 아셔야 합니다. 서신문학이야말로 아마도 그 당시의 문학의 형태로는 가장 완전하고 확실한 것이었습니다. 다시 말하면, 그 당시의 서신들은 문학의 형태로 쓰여졌던 것입니다. 그 시대의 남녀 가운데 위대한 문학가로 알려진 사람들이 거의 자신의 서신을 기반으로 한다는 사실을 보아도 잘 알 수 있습니다.

제 추측입니다만 2만여 통의 서신들을 잃어버림으로, 교회 역사에 있어서 몰리노스의 정당한 위치를 되찾는 일이 불가능하게 되었고, 우리들에게 있어서는 역사상 가장 위대한 영적인 보화 중의 한 사람을 잃게 되었던 것입니다.

1685년 11월, 아바곤에 본부를 둔 스페인의 종교재판소는 공식적으로 「영성깊은 그리스도인」을 이단으로 정죄했습니다. 이제 마이클 몰리노스의 모든 것은 끝났습니다!

종교재판소의 발표는 다음과 같은데, 확실히 종교적인 단체에 의해서 작성된 것으로는 가장 강력한 어조의 발표문 가운데 하나였습니다.

> "그의 글들은 이단으로 판정되었다. 우리는 마이클 몰리노스의 모든 글들이 이단적이며, 유해하고 오류투성이며, 추문으로 가득차 있고, 신성 모독적이며 경건한 신자들에게 공격적인 것이라 정죄되었음을 공표함과 아울러 이를 폐기처분할 것을 명하는 바이다. 이에 그 누구를 막론하고 그의 글들을 이야기하거나 믿거나, 가르치거나 지키거나 훈련하는 것을 금한다."

몰리노스가 체포된 후 2년 동안 사람들은 몰리노스 자신은 물론 그의 논쟁에 관한 소식을 거의 들을 수가 없었습니다. 몰리노스는 단순히 망각 속으로 사라진 것입니다. 이 방법이 그의 적들이 행할 수 있었던 가장 현명한 방법이었던 것입니다. 몰리노스의 인기는 수그러들기 시작했고 사람들은 그를 잊기 시작했습니다.

몰리노스에 대한 기억이 점차 사라질 무렵, 종교재판소는 그에게 마지막 타격을 가하기로 했고, 그것은 1687년 2월부터 진행되기 시작했습니다. 그러나 독자 여러분, 불행하게도 그에게 어떤 일이 일어났는지에 대한 과정은 지난 3백 년 동안 세상에 알려지지 않은 채 구름에 가려져 왔습니다. 아니 오늘날까지도 바티칸에서는 그 사건을 결코 공식적으로 밝히지도 않았고, 누구도 몰리노스의 재판 기록을 볼 수 없도록 금지하고 있습니다. 너무나 의혹 속에 가려져 있기 때문에 우리가 얻을 수 있는 정보조차도 확실치 않고, 그 당시에 정식 재판이 있었는지 혹은 단순한 청문회 형태로 이루어졌는지 조차도 아직 알 수가 없습니다. 그 당시에 일반인들에게 공개되지 않은 모임들 속에서 어떤 일이 일어났는지를, 그 누구도 알 길이 없다는 것입니다. 뿐만 아니라 몰리노스에게 어떤 죄명이 붙여졌는지, 그에 관하여 무슨 이야기들이 오갔는지, 그를 대적하여 어떤 사악한 일들이 벌어졌는지도 알지 못합니다.

단지 우리는 이제까지 알려져온 사실들과 그 당시에 일어났을 가능성만을 추측해볼 따름입니다.

먼저, 종교재판소는 그를 감금하면서 두 개의 간단한 보고서를 작성했습니다. 첫째는 몰리노스와 그와 같은 사람들의 가르침은 유럽 전역에 퍼져있고, 이 운동은 가톨릭의 주요 세력이 될 가능성이 있을 뿐 아니라 더 나아가서는 교회를 제압하게 될 지도 모른다는 것이었습니다. 둘째로, 몰리노스를 따르는 사람들 중에 교회의 전통에 대하여 반역하는 자들이 있다는 결론을 짓는 보고였습니다. 그들이 미사와 공중예배를 등한히 하였고 특히 죄의 고백과 참회를 무시한다는 의심을 받고 있다는 보고서였습니다.

이 두 개의 보고서를 통해 종교재판소는 아주 간단히, 몰리노스가 반역의 선동자였다고 결론을 내렸던 것입니다.

그러나 그렇게 인기가 있던 사람을 먼저 악인으로 만들지 않고는 그다지 쉽게 죄인으로 몰 수가 없는 것입니다. 무엇인가를 통해 대중들이 몰리노스를 대적하게 만들어야만 했습니다.

이것이 바로 몰리노스가 가톨릭교회의 역사에 있어서 그토록 불분명하고 논쟁의 여지가 많은 위치에 놓여있는 이유인 것입니다. 사실상 그는 완전히 잊혀진 사람입니다. 그러나 그를 잊지 않고 있는 소수의 사람들일지라도 그의 편이 되거나 그의 소리에 힘을 주는 것을 크게 꺼려하고 있습니다. 왜, 지난 수세기를 지나오는 동안 이 사람은 역사에 의해 그토록 회피되어 왔을까요? 그 이유는 너무나 가공할 만한 것이었는데, 독자 여러분, 만일 여러분이 그 대답을 이미 추측하지 못했다면 그거야말로 제가 놀랄 일입니다.

몰리노스에 대한 소문들 - 미안하지만, 거짓말들 - 이 로마의 거리들에 퍼지기 시작했습니다. 대부분의 것들이 말도 안되는 것이었지만, 더욱 비극적인 것은 그러한 소문들은 지난 3백 년 동안 전혀 확인되지 않은 채 그대로 남아 있다는 것입니다. 몰리노스는 오늘까지도 자신의 정당함이 입증되어지기를 기다리고 있습니다.

그러면 어떤 소문들이 떠돌았을까요? 첫째로 그의 적들은 그의 가르침들에 별명을 붙여주었습니다. 그리고 나서 그 이름을 정죄했던 것입니다. 그들은 몰리노스를 아롬브라도스라고 불렀습니다.

아롬브라도스는 스페인의 한 이단으로, 한때 기도는 무가치한 것이며 오직 진실한 기도는 황홀경에 들어가는 것이라고 가르쳤습니다. 이 불분명한 집단은 또한, 성례전은 불필요하며 하나님과 진실로 가까운 자들은 죄를 씻지 않는다고 기르쳤습니다. 불행하게도 이렇게 불확실한 고소일지라도 신비적인 요소들로 인해 애매하게 가리워 있고 또한 신학자들에 의해 설명이 된다면 대중들은 쉽게 믿기 마련인 것입니다.

또 다른 소문이 터져나왔고 사람들이 믿기 시작했습니다. 그 소문이란, 몰리노스는 유대인이며, 실제로 침례(세례)를 받은 적이 없다는 것이었습니다. 그 당시에는 반유대주의의 물결이 고조되었을 때였고 따라서 이 소문은 효과가 있었습니다.

셋째로, 그의 적들은 몰리노스의 가르침을 심하게 왜곡시켜 해석함으로써 그가 실제로 도덕적인 행위를 파괴하도록 가르쳤다고 주장했습니다. 그들의 지적에 의하면, 몰리노스의 가르침은 가톨릭교회 뿐만이 아니라 사회적으로도 매우 위험한 것이었습니다.

어떻게 적들이 그러한 결론에 도달했는지를 아십니까? 그들은 몰리노스가 외적인 행동은 중요치 않다고 가르친 것을 왜곡시킴으로, 사람들이 자신이 무슨 일을 하고 있는지에 대해서 무관심하기만 하면, 자신의 몸으로 어떤 일을 하든 마음대로 행할 자유가 있다고 가르쳤다고 주장했습니다. 이렇게 그의 가르침을 얄팍하게 왜곡시키는 방법을 사용한 종교적인 사람들에 의해서 몰리노스는 십자가에 못 박히게 된 것입니다.

만약 이러한 소문들이 여기에서 멈추었더라면 몰리노스란 이름은 교회역사 속에서 아직도 생존할 가능성이 있습니다. 그러나 불행하게도 소문은 여기서 멈추지 않았습니다. 몰리노스에 대한 가장 무서운 소문이 터져나왔습니다. 아마도 이 소문 한가지만으로도 교회 역사에 있어서의 몰리노스의 영향력은 파괴될 수밖에 없었고, 교회역사가들이 그의 정당성을 입증하는 것을 외면하게 만들기에 충분했으며, 심지어는 그의 친구들이나 그를 변호해 줄 사람들조차도 몰리노스와 그의 글들을 떠나가도록 하기에 충분했습니다.

바로 그 소문은 재판에서 수많은 여자들이 몰리노스와 성관계를 가졌다고 증언했다는 것입니다. 그의 적들이 주장하는 몰리노스의 성관계는 그의 가르침을 따르는 자들에게 더 이상 몰리노스의 편에 설 수 없다는 논리적인 결론을 내리게 만드는 마지막 한계였습니다.

얼마나 많은 여자들이 공식적인 재판소에 나와 그를 대적하여 고소하였는지 아십니까? 한 명? 스무 명? 이백 명? 아니면, 한 사람도 아니었을까요? 아무도 모릅니다. 소문은 온갖 숫자를 다 내어놓았습니다. 그리고 3백 년이 지난 지금도 여전히 그러한 소문들은 오직 소문에 불과할지도 모릅니다. 몰리노스의 재판에서 누가 그를 대적하여 증언했는지, 아니면 어떤 죄목을 갖고 증언했는지는 아무도 모릅니다. 그러나 그를 고소하기 위해 나왔던 소문들은 지금 이 시간까지도 마이클 몰리노스란 이름을 따라 다니며 괴롭히고 또한 정죄하고 있습니다.

몰리노스는 실제로 재판에서 그의 부도덕성으로 인해 고소를 당했을까요? 아니, 그런 죄명이 법정에 올려지기나 한 것일까요? 역시 아무도 모릅니다.

한 역사학자가 실제로 알려진 사실들에 의해 관측한 것에 따르면, 그의 적들은 단지 그의 가르침을 통해 부도덕성의 문제들이 야기될 수도 있다는 이론을 세웠을 뿐입니다!

그러면 누가 이런 소문들을 퍼뜨리기 시작했을까요? 이런 소문들은 정말 재판에서 다루어지긴 했던 것일까요? 아니면 이런 소문들은 너무나 엉뚱해서 법정에 상정되지조차 못했던 것은 아닐까요? 3백 년이 지난 지금의 우리들로서는 전혀 모르는 일입니다. 다만 우리가 알 수 있는 것은 이런 소문들이 로마와 이태리와 유럽 전역에까지 자자하게 퍼졌다는 것입니다. 만일 여러분이 이 사람에 대해서 아무 것도 모르는 상태에서 이 소문을 들었다면 아마 이태리에 있는 어떤 신부가 몇백 명의 여자들을 유혹했다는 소문을 들었을 것입니다. 어떤 사람도, 특히 성직자로서 이런 거대한 비방에도 불구하고 자신의 명예가 손상되지 않은 채 살아남을 사람은 한 사람도 없을 것입니다.

이런 고소들이 사실과 조금은 연관된 것은 아니었을까요? 이런 질문을 한다는 것조차도 그 사람을 정죄하는 것입니다. 왜냐하면, 그 질문이 요구하는 것 자체가 그를 파괴시키는 것이기 때문이니까요.

몰리노스 사건의 조사 보고서나 재판의 기록이 한번도 공개된 적이 없기 때문에 누구라도 할 수 있는 가장 최선은 추측하는 것일 뿐입니다. 저 또한 제 견해를 말씀드리고자 합니다. 저는 몰리노스의 재판 기간 동안에 그의 도덕성의 문제가 거론되었다는 것조차 강력하게 의심할 수밖에 없습니다. 그의 삶의 도덕성은 논쟁을 불허하기 때문입니다. 오직 그를 대적하여 그의 적들이 가졌던 것은 소문일 뿐이며, 그런 진실치 못한 부도덕한 행위라는 생각을 만들어 낼 수 있는 것은 소문밖에 없습니다. 왜냐하면 만일 이런 소문들 가운데 하나라도 진실과 가까운 것이 있었다면, 그 증거는 이태리의 전 지역으로 보도가 되었을 것이기 때문입니다. 그 소문들이 사실이었다면 바티칸은 단지 그 재판의 기록들을 공개하기만 하면 되는 것이었습니다. 그러나 소문들이 강하게 부추겨질수록 대신에 재판의 과정은 더욱 강하게 단속되었던 것입니다. 몰리노스를 대적하는 재판과정은 한번도 공개된 적이 없는 - 혹은 기록이 존재하지 않는지도 모르지만 - 소리만 요란한 빈 깡통이었습니다.

결국 몰리노스의 죄목이 공개적으로 발표되었을 때에는, 몰리노스의 부도덕한 행위에 대해서는 한마디의 언급도 없었을 뿐 아니라 그런 것을 암시해 주는 것조차 없었습니다. 저는 몰리노스가 자신에 관한 그런 소문들이 존재하는 것조차 모른채 재판을 거쳐, 선고를 받은 후 투옥되어 감옥에서 살다가 죽었을 가능성이 아주 높다고 생각합니다. 그는 누군가가 그의 죄에 대한 쥐꼬리만한 증거라도 제공할 때까지는 죄가 없는 것입니다.

1687년, 몰리노스가 재판 판정을 받으려고 불려나왔을 때

로마의 시민들은 그에 대하여 분노하면서 사형을 외쳤습니다. 그것은 본디오 빌라도의 그림자와도 같은 것이었습니다. 몰리노스의 비도덕적 행위에 대한 이야기들이 이미 퍼졌고 수없이 반복되었기 때문에 그가 대중 앞에서 선고받기 위해 섰을 때에, 사람들은 그를 성적으로 타락한 야수로밖에 볼 수 없었다고 말해도 과언이 아닙니다.

1687년 2월 9일에는 2백 명의 몰리노스의 추종자들(많은 신부들이 포함되어 있었습니다)이 체포되었습니다. 그 당시에 높은 지위에서 영향력을 행사하던 많은 남녀가 체포되었고 감옥에 수감되었습니다. 그들에 대한 죄목이 무엇이었냐구요? 미사 참석과 교회의 의식들을 소홀히 했으며, 혹은 죄의 고백 없이 성찬식의 떡을 떼었다는 의혹이 있다는 것이었습니다.

다음으로 종교재판소는 몰리노스의 가르침을 훈련하고 있었던 여러 수녀원과 수도원들을 조사하기 위하여 위원회를 소집했습니다. 그 위원회는 무엇이든 발견되기만 하면 충격적인 것으로 여길 태세를 갖추고 있었습니다… 아무 것도 발견하지 못할지라도 말입니다.

그리고는 새로운 소문이 나돌기 시작했습니다. 수사들과 수녀들이 묵주기도를 그만두었고, 십자가상은 방치되어 왔으며, 그들의 유일한 기도는 아무 형식이 없는 내면의 기도라는 것이었습니다. 그때에 이르러서는, 로마는 거대한 유언비

어의 소용돌이 속에 파묻혀 있었습니다. 좀더 정확히 말하자면 유언비어들의 집이라고 해도 좋을 것입니다.

이제 교황에게도 압박이 가해지기 시작했습니다. 한 소문에 의하면 교황이 몰리노스의 추종자이기 때문에 페트루치가 추기경에 올랐다는 소문이 돌기 시작했습니다. 또 다른 소문은 종교재판소는 교황을 교황으로서가 아니라 베네딕트 오데스칼치로서 조사하게 될지도 모른다고 떠들기도 했습니다.

몰리노스의 재판은 어떻게 되었을까요? 더 좋은 질문을 하자면, 재판이 열리기는 한 것이었을까요? 재판은 열렸던 것 같습니다. 모두 말은 라틴어로 기록되었으며, 재판의 기록도 아직까지 존재하고 있습니다. 그러나 그것들은 한번도 공개된 적이 없습니다. 이제 몰리노스는 역사에 의해 잊혀진 사람이 되어버렸지만, 누군가 라틴어에 정통하고 탐정가 셜록 홈즈의 마음을 지닌 사람이 나타나 우리들에게 몰리노스의 삶과 그의 재판과 관련된 비밀에 대하여 정확한 해답을 줄 수 있을까요? 저는 교회 역사 속의 수많은 사건들 가운데, 몰리노스의 사건만큼 이렇게 많은 증거들이 아직도 현존해 있으면서 그 비밀이 벗겨지기를 소리쳐 구하고 있는 사건도 없다고 생각합니다.

그러나 우리는 바티칸의 교황청에 의해서 그 기록들이 공개되기 전까지는 사실을 밝혀낼 수가 없을 것입니다.

여러분은 아마도 몰리노스가 어떻게 자신을 변호했는지 궁금하실지도 모릅니다. 흥미롭게도 그는 자기 자신을 변호하는 것을 거부했습니다.[1]

그는 체포된 후부터 계속해서 침묵으로 일관했습니다. 그가 그곳에 침묵으로 앉아있는 것은 자신의 가르침들을 간증하는 것이었습니다. … "여러분의 삶에 찾아오는 모든 것을 하나님으로부터 온 것으로 여기고 완전히 수용하시기 바랍니다." 복이나 핍박이나 동일한 것으로 간주하고, 동일하게 하나님의 뜻으로 여겨야 한다고 가르쳐 왔던 것입니다. 삶의 모든 행복과 불행을 다르게 보지 않고 동일하게 여겼던 그의 헌신이야말로 그를 침묵할 수 있도록 만들었던 것입니다.

몰리노스가 가르치는 방법들이 삶의 문제를 접근하는 데 있어서 옳은 그리고 영적인 길인지 아닌지는 독자 여러분들이 직접 판단하시기 바랍니다. 만일 여러분께서 그러한 길을 걷기로 선택하신다면 그런 결정이 여러분의 적들을 감동시킨다거나 혹은 여러분을 칭찬하지 않을 것이라는 사실을 확신하셔야 합니다. 아무도 그러한 선에 대해 주시하지도 않는

---

[1]. 적어도 한 자료는 그가 변호했다는 보고가 있지만, 그의 전 재판의 과정을 통해서 한 마디도 하지 않았다는 자료도 있습니다. 저는 후자가 더 진실에 가깝다고 믿습니다.

것 같습니다. 오히려 그러한 수고는 핍박의 대상이 되는 초청장과도 같을 것입니다. 그러한 훈련을 수용하시되 여러분도 몰리노스보다 더 나을 것이 없는 결과를 얻게 될 것을 각오하셔야 한다는 것입니다.

몰리노스와 같은 경건의 길은 그의 적들로 하여금 그것을 훈련하는 사람들을 더 미워하게 만드는 것을 볼 수 있습니다.

이번에는 많은 의혹을 남기는 소문들과 흥분들 속에서 또다시 폭탄이 터져나왔습니다. 로마당국은 몰리노스가 자신이 이단인 사실을 고백했고… 또한 자신의 가르침들을 철회했다는 사실을 공식적으로 발표했던 것입니다. 또한 "그가 역시 다른 죄들도 고백했다"는 불길한 보고도 있었습니다. 하지만 아직까지도 그 다른 죄들이 무엇인지는 밝혀지지 않고 있습니다. 더 나아가서 종교재판소는 몰리노스에게서 이단의 죄를 발견함에 따라 그를 종신형에 처한다는 공식적인 발표를 했습니다. 이것 또한, 부도덕함에 대한 혐의가 진실이 아니었음을 드러내는 강력한 증거입니다. 그것이 사실이었다면 몰리노스는 마땅히 사형선고를 받았을 것입니다. 제가 확신하기로는, 이 발표가 몰리노스가 실제로 재판을 받았을 것이라는 사실을 나타내 주는 최초의 공적인 보고였습니다.

다음 인용문을 보시면 여러분들은 그 당시의 대중들의 마음이 얼마만큼 몰리노스로부터 멀어졌는지를 알 수 있고, 또한 이 사람의 생애가 여전히 대중들의 최대의 관심사였다는 사실을 짐작하실 수가 있을 것입니다. "몰리노스가 공식적으로 자신의 가르침들을 철회하던 날, 모든 로마의 성당들은 그 소식에 종을 울렸다. 이 날은 모든 사람들을 위한 축제의 날이었다."

어떤 조건들이 몰리노스로 하여금 공식적인 철회를 하게 만들었을까요? 많은 사람들은 그가 고문을 당했을 것이라고 생각했습니다. 또 다른 사람들은, "모든 사람은 교회가 명하는 것은 무엇이든지 복종해야 한다"는 몰리노스 자신의 믿음 때문에 복종했을 것이라고 말합니다. 의심의 여지없이, 몰리노스는 교회가 내린 판결이라면 그것이 어떠한 조건일지라도 무조건적으로 복종했을 것입니다.

1687년 8월 28일, 종교재판소에 의해서 몰리노스가 "불경건한 교리들을 가르쳐왔고 그것들을 훈련시켰다"는 죄를 선포하는 공식적인 선고문이 게시되었습니다.

이 선고문 속에는 몰리노스의 가르침들은 "이단적이며, 신성모독적이고, 경건한 신자들에게 공격적이며, 오만불손하며, 기독교의 도덕성을 파괴하는 위험한 것"이라는 내용의 68개의 조항들이 명시되어 있었습니다. 그러나 제가 알기로 이 조항들은 결코 구체적인 사실들을 보여주지 못하고 있습니다. 몰리노스에 관하여 발표된 모든 공식적인 진술들은 언제나 애매하게 일반화된 표현들을 사용하고 있습니다.

종교재판소가 구체적인 설명을 하지 못한 것은 아마도 자신들이 그렇게 하는 것을 원치 않았기 때문일 것입니다. 종교재판소는 그들이 내린 결론이 근거하고 있는 것에 대해서 오고 오는 기독교의 세계가 알게 되는 것을 부끄러워한 것은 아닐까요? 한 역사학자는, 몰리노스에 관하여 대중적으로 그리고 공식적으로 발표된 대부분의 증거들은 그를 이단으로 명하거나 혹은 종신형에 처하기에는 미약하고 불충분하다고 말했습니다.

그러나 너무나도 치명적인 날이었던 1687년 8월 28일에는 아무도 그런 문제들을 생각하지 못했습니다. 몰리노스에 대한 판정이 공식적으로 발표된 후에는 - 한때는 종교재판소에 의해 인정을 받았던 -「영성깊은 그리스도인」을 모두 불태우라는 명령이 떨어졌습니다. 그것이 무엇이든지 막론하고, 몰리노스에 의해 쓰여진 것을 소유하고 있는 자들이 발견되면 그는 자동적으로 교회로부터 파문을 당하게 되었습니다.

진정 몰리노스는 로마 가톨릭교회 내에서의 위대한 개혁운동을 눈앞에 직면했던 사람이었을까요? 그러한 개혁이 일어났더라면 가톨릭의 성직자들과 교인들은 그들이 고백한 주님과 더 깊은 동행을 하게 되었을까요? 이 질문에 대한 대답은 결코 알 수 없을 것입니다. 화염의 불길이 어찌나 성공적으로 이 운동을 막았는지, 3백 년이 지난 지금도 그 질문에 대해서는 답을 할 수가 없습니다. 결국 조직이란 거대한 힘은 자유와 뜨거운 열정과 보이지 않는 영역과 대항하여 다시 한 번 위대한 승리를 거두었던 것입니다.

그 후에 벌어졌던 일들은 역사적인 사건들이 이런 때마다 보여주곤 하는 정의에 대한 풍자라고 말할 수 있습니다. 종교재판소는 자신들이 옳고 합법적이며, 무엇보다도 자신들의 강력한 힘을 과시하기 위해서 한 날을 따로 정해 놓았습니다. 몰리노스가 자신의 이단을 포기하는 날을 교회가 할 수 있는 한 가장 화려하게 축하하기 위해서 한 날이 정해진 것입니다. 이 대단한 경사를 치를 날은 9월 23일이었습니다.

여러분들은 교회가 이 경사스런 행사에 참석하는 자들에게는 15년의 면죄부를 증여한다고 공포했다는 사실을 믿을 수가 있으십니까! 이런 제안이면 문제 투성이의 거대한 군중들이 몰려들 것은 보장되는 것이나 다름없었습니다!

이 행사는 산타 마리아 소프라미네르바(Santa Maria Sopraminerva)라고 불리는 교회에서 거행되었습니다. 물론 이 행사를 지켜보기 위해서 수많은 군중들이 나와 기다리고 있었습니다.

지정된 그 날이 이르자 추기경들과 사제들, 교황청의 사람들, 왕자들을 포함한 귀족들, 대사부부들과 로마의 시민 수만

명이 몰려왔습니다. 너무 많은 군중들이 모였기 때문에 큰소리치던 스위스의 호위병들도 한동안 어려움을 겪기도 했습니다. 이런 난리 속에서 많은 사람들이 부상을 입기도 했습니다.

바로 그날 같은 시각에, 몰리노스에게는 수감되기 직전의 마지막 식사가 들어왔습니다. 전해지는 말에 의하면, 바티칸은 그에게 자비를 베풀어 매우 호화스런 식사를 제공했다고 합니다.

이 날의 축제가 무르익어갈 무렵 몰리노스가 전격적으로 군중들 앞으로 인도되었습니다. 65세의 몰리노스가 그들 앞에서 엄숙하면서도 침울하게 서 있었습니다. 참회자의 옷차림새를 하고 쇠고랑을 찬 그의 손에는 횃불이 들려져 있었습니다. 그는 추기경들과 법관들을 바라보며 단상으로 나아갔습니다. 여인들과 귀족들, 신부들, 신학자들과 고위 성직자들이 그의 주변에서 지켜보고 있었습니다. 그러자 누군가 강단에 서서 그에 대한 고소문을 크게 낭독했는데 그 시간만도 수 시간이 걸렸다고 합니다. 전해 오기로는, 군중들은 그의 죄목이 낭독될 때마다 몹시 성을 내면서 "화형에 처하라! 화형에 처하라!"는 외침으로 동조했다고 합니다.

오, 우리 그리스도인들은 서로 서로 박해하는 재주를 지닌 것은 아닌지요!

낭독문에 이어서 몰리노스를 종신형에 처한다는 판결이 내려졌습니다. 그 판결문의 내용 중에는 외로운 감옥 속에서 하루에 한번씩 사도신경을 외워야 했고, 하루에 두 번 묵주기도를 드려야 하며, 한 주에 세 번 금식할 것이 명령되었습니다. 고해성사는 일 년에 네 번을 드려야 했습니다.

판결문 낭독이 끝나자 몰리노스는 무릎을 꿇음으로 정식으로 이단의 길을 단념했습니다. 그리고 나서 그는 동일한 효과를 지니는 공문에 서명을 하고 돌아서서 교황의 대리인으로부터 해임통보를 받았습니다.

결국, 모든 것이 끝난 것입니다.

(그 날은 단지 몰리노스의 사역이 끝난 것일 뿐만 아니라 가톨릭 내에서는 좀처럼 일어나기 힘든 부흥운동 하나가 끝난 것이었습니다. 몇 년만 더 지속되었더라면 아마도 가톨릭의 세계가 놀랍게 변화되었을지도 모를 그런 부흥운동 말입니다. 서방의 가톨릭교회는 그들의 신부들과 교인들의 영적인 깊이를 더욱 깊게 만들어줄 좋은 기회를 놓치게 된 것이라고 분명하게 말씀드릴 수 있습니다.)

행사가 끝난 뒤 몰리노스는 산타 마리아 소프라미네르바 교회 밖으로 인도되어졌는데, 만일 이 기록들이 정확하다면, 세인트 피에트로몬토리오(St. Pietromontorio)라는 이름을 가진 도미니칸 수도원으로 이송되었다고 합니다. 수도원 내의 아주 작은 독방이 몰리노스의 감옥이 되었을 것입니다.

감옥의 문이 열리고 죄인은 그 입구로 인도되었습니다. 이제 몰리노스가 그 문 안으로 들어가면 세상은 이 문제투성이의 스페인 신부를 영원히 제거해 버리는 것입니다. 몰리노스는 이 사실을 알고 있었습니다.

자, 독자 여러분. 우리의 친구인 몰리노스는 역시 드라마틱한 재능을 가지고 있었음이 틀림없습니다. 그는 감옥으로 걸어 들어가다가 그 문의 입구에서 잠시 멈추어 섰습니다. 이때는 그의 얼굴을 볼 수 있는 마지막 순간인 동시에 교회의 역사가 그의 목소리를 들을 수 있는 마지막 기회였습니다! 이제 막 지하감옥의 어두움이 그를 무존재자로 삼키려는 순간입니다. 바로 이 숨막히는 순간에 몰리노스는 멈추어 돌아서서 그의 적들을 바라보았습니다. 그리고 감옥의 눈을 영원히 닫아버리려고 하는 도미니칸 신부를 강하게 쏘아보았습니다.

그 다음에 일어난 일은 역사에 있어서 가장 진귀하고 황금과 같은 순간이라고 할 수 있습니다. 그의 얼굴에서 순간적인 번뜩임이 지나갔는데 이 짧은 스침을 통해서 그의 됨됨이와 인격 및 그의 내적인 존재가 얼마나 대단한 사람이었는지를 볼 수 있습니다.

여기 몰리노스란 사람이 서 있습니다. 그는 교회 역사에 있어서 다른 신자들에 의해서 공격을 받아 자신들의 삶과 사역이 심하게 파괴되는 동안에도, 끝까지 침묵을 지키기로 선택한 사람들 가운데 한 사람이었습니다. 그런 몰리노스가 이제 전혀 기대치 않았던 일을 한 것입니다.

몰리노스가 자신을 구원할 수 있는 때가 훨씬 지난 그 시점에… 그 누구도 그에게 스스로를 변명한다거나 비통해 한다고 말할 수 없게된 그 시점에… 몰리노스가 침묵을 깨트렸던 것입니다. 결국 가장 마지막 순간에 몰리노스가 입을 열었습니다!

실제로 몰리노스가 감옥의 문 앞에 멈추어 서서 보여주었던 마지막 20초 동안의 모습이 그의 전 생애의 모든 기간을 합친 것보다 더 많이 기억되고 있으며 … 그리고 우리는 이 순간을 통해 이 사람의 가슴과 마음이 진정 어디에 있었는지를 알 수 있게 되었습니다. 정확히 그가 말한 것들을 들어보시기 바랍니다.

> 안녕히 계십시오, 신부님. 우리는 마지막 심판의 날에 다시 만나게 될 것입니다. 그 때에는 진리가 당신의 편에 있는지 아니면 저의 편에 있는지를 보게 될 것입니다.

무슨 말을 할 수 있겠습니까? 몰리노스는 옳았고, 그 자신도 이 사실을 알고 있었던 것입니다. 그의 가슴은 진리가 자기의 편에 있다는 사실을 알고 있었기에 그 진리로부터 돌아서지 못했던 것입니다. 맞습니다. 그는 교회에 복종했습니다.

적어도 외면상으로는 복종한 것입니다. 그러나 그의 내면에서는 주님을 알고 경험한 것들을 부인할 수가 없었습니다.

곧 문이 닫혔습니다. 이제 감옥은 깊은 어두움 속으로 빠져들었습니다. 그러자 도미니칸 신부는 입구를 닫아버렸습니다. 세상은 다시는 몰리노스를 들을 수 없게 된 것입니다.

이제는 이 슬픈 이야기를 끝내야 할 때입니다.

1693년, 몰리노스가 사망했다는 소문이 돌았습니다. 그러나 이전의 많은 소문들과 마찬가지로 이 소문은 사실이 아닌 것으로 알려졌습니다.

그리고 4년 후인 1697년 프랑스의 대감독이었던 또 다른 가톨릭의 신부가, 1687년에 몰리노스 당했던 것처럼, 그의 영적인 저술들이 불태워지는 것을 보게 되었습니다. 프랑스 진 지역에서 가장 사랑을 받았던 신부가 이단으로 고소되었던 것입니다. 그 사람의 이름은 다름 아닌 페넬롱이었습니다!

이태리에서의 몰리노스처럼 페넬롱의 이단 논쟁은 프랑스에서 시작되어 점차로 커지게 되었고 결국은 교황에 의해서 해결되어야 할 문제로 제기되었습니다. 몰리노스의 경우와 마찬가지로 교황이 선임하는 위원회가 이 문제를 해결하도록 지정받았습니다. 공교롭게도 페넬롱 논쟁의 소용돌이 속에서 교회는 몰리노스가 사망했다고 발표했는데, 그 날은 1697년 12월 29일이었습니다. 전해 듣기로는 몰리노스는 3개

월 동안 병 중에 있었다고 했습니다. 우리가 확신할 수 있는 것은 그는 그의 잘못들을 충심으로 참회하면서, 그리고 교회와의 온전한 화합 속에서 죽었다는 것입니다. (공식적인 발표에 의하면 그렇습니다.)

다른 보고에 의하면 그의 질병은 이상하게 시작되었는데 독약에 의한 것이었다고 합니다. 그러나 이 사람의 생애에 늘 그러했던 것처럼, 그 진실은 끝까지 알려지지 않았습니다.

오늘날 몰리노스에 대해서 남겨진 것이 무엇인줄 아십니까? 그의 무덤의 작은 비문에 새겨진 한 문구 외에는 아무 것도 남아있지 않습니다.

"여기에 위대한 이단이었던 몰리노스 박사의 시신이 묻히다"

이 비문은 가톨릭교회가 역사의 가장 훌륭한 사람들 가운데 한 사람이며 하나님과의 깊은 관계 속에서 살아온 사람의 삶을 방관했으며, 또한 그런 삶이 형식화된 종교체계 내에서는 수용되지 못했다는 사실을 선포하고 있는 것입니다.

저는 독일의 뮌헨에 있는 한 박물관에 종교재판소가 몰리노스를 이단으로 고발하기 위하여 모아놓은 최초의 고소문의 사본이 있다는 것을 읽은 적이 있습니다. "몰리노스 박사"라는 제목의 원고 속에는 263개 항의 죄목들이 포함되어 있었다고 합니다. 제가 이해하기로는 이 조항들이 종교재판소가 처음에 몰리노스를 고발했을 때보다는 현저히 줄어들었다는 사실을 보여준다는 것입니다. 그가 부도덕성으로 인해 고발당했다는 기록이 어디에 있습니까? 그가 스페인의 이단 종파에 속한 자라고 고소당했다는 증거가 어디에 있는지요? 그의 추종자들의 부도덕성에 대한 고소는 어디로 갔습니까? 그런 내용들은 거기에 없었습니다. 그가 조사를 받고 재판 받는 과정이 한번도 공개된 적이 없었던 때와는 달리, 이 263개의 조항들은 한 도시, 한 나라 그리고 국제적인 종교적 운동조차도 몰리노스를 대적하도록 만들었던 소문들과는 큰 연관이 없는 것처럼 보입니다.

무엇이든지 확실하게 알려진 것이 너무나도 적습니다.

우리가 알기로는 페트루치가 후에 자신의 글들에서 밝히기를 종교재판소가 몰리노스를 정죄하기 위하여 사용한 것들은 그의 진정한 가르침들을 경솔하게 오해한 것이었으며, 그러한 허위 진술들은 사실무근인 것이라고 말했다고 합니다.

여러분들은 페트루치가 어떻게 이러한 글들을 발표할 수 있었는지 그리고 그 후에도 어떻게 무사할 수가 있었는지 궁금할지 모르겠습니다. 역설적이지만, 그 이유는 페트루치가 추기경에 올랐기 때문이며, 그 누구라도 일반 신부들을 대하는 것처럼 쉽사리 추기경을 취급할 수가 없기 때문이었습니다. 그럼에도 불구하고 페트루치 추기경은 종교재판소에 의해 개인적으로 소환을 당했고, 그의 글들 가운데 여덟 개는 정죄받아 마땅하다는 선고를 받았으며 그 책들은 발매금지가 되었습니다. 자신이 배운 것에 충실했던 페트루치는 종교재판소의 판결에 복종했으며 그 복종으로 인해 그는 자신의 교구로 돌아갈 수 있도록 허용되었습니다.

몰리노스가 수감된 후에, 이태리와 프랑스 두 나라에서는 무엇이든지 몰리노스에 관한 것이나 심지어는 그의 가르침과 유사한 낌새만 있어도 박해를 받았습니다. 그의 책들은 압류되어 불태워졌습니다. 또한 고요주의자들의 글들은 거의 대부분이 지구상에서 사라지게 되었습니다. 교회의 의식과 형식들과 행사 및 외적이며, 객관적인 주님과의 관계를 추구하는 것들이 다시 한번 승리를 거두게 된 것입니다.

가톨릭에 의해서 내던짐을 당하고, 개신교에는 알려지지조차 않은 그리스도인의 깊은 내면의 길은 그 이후로부터 지금까지도 자신의 돌아갈 곳을 찾고 있다고 말할 수 있습니다.

확실히 그 날 이후로 내면의 길은 한번도 17세기 후반기에 있었던 것과 같은 깊은 뿌리를 내리지 못했고, 그만한 영향력도 끼치지 못해온 것이 사실입니다. 지성주의와 교리적인 분쟁 속에서 탄생한 개신교는 예수 그리스도와의 깊은 동행을 강조할만한 많은 여유를 갖고 있지 못했습니다. 가톨릭은 이전보다는 훨씬 작은 영향력을 끼치는 한도 내에서만 그러한 훈련을 가르쳐 왔습니다. 아마도 어느 날엔가는 좌로나 우로나 치우침 없이 지극히 정상적인 방법으로, 예수 그리스도의 깊은 것들에 관한 문제들에 대해서 순수한 의도를 가진 사람들이 이 지구상의 교회 공동체에 속한 하나님의 백성들 가운데 나타나게 될 것입니다. 마이클 몰리노스의 얼굴을 뒤로 한 채 감옥문이 굳게 닫히고, 그리스도를 추구하는 사람들의 강력한 외침을 억눌러왔던 이래 지난 3백 년 동안에 일어난 그 어떤 사람들보다도 더욱 심원한 통찰력과 경험을 지닌 사람들이 마침내 나타나게 될 것입니다.

오직 여호와의 율법을 즐거워하여
그의 율법을 주야로 묵상하는도다.
(시1:2)